从新手到高手系列

新手学外贸

从入门到精通

许丽洁 编著

化学工业出版社
·北京·

U0319595

内容简介

《新手学外贸——从入门到精通》是专为外贸新手而打造的，分为三个部分。

第一部分为"外贸新手适应期"。主要讲述认识自己的岗位、了解自己的企业及产品、外贸业务拓展工作流程、外贸礼仪礼节和口语等内容。·

第二部分为"外贸业务入门期"。主要讲述寻找外贸订单、签订外贸合同、信用证的催开与处理、备货、办理商品检验、办理保险、出口报关、出货安排与跟踪、制单结汇等内容。

第三部分为"外贸业务提升期"。主要讲述让业绩不断攀升、外贸业务风险防范等内容。

通过对本书的学习，外贸新手可以全面掌握外贸业务的各项技能，更好地开展外贸业务工作。

图书在版编目（CIP）数据

新手学外贸：从入门到精通/许丽洁编著． —北京：化学工业出版社，2020.12
（从新手到高手系列）
ISBN 978-7-122-37799-9

Ⅰ.①新…　Ⅱ.①许…　Ⅲ.①对外贸易-基本知识
Ⅳ.①F75

中国版本图书馆CIP数据核字（2020）第181350号

责任编辑：陈　蕾　　　　　　　　　　　　装帧设计：尹琳琳
责任校对：宋　玮

出版发行：化学工业出版社（北京市东城区青年湖南街13号　邮政编码100011）
印　　装：三河市延风印装有限公司
710mm×1000mm　1/16　印张12¾　字数228千字　2021年1月北京第1版第1次印刷

购书咨询：010-64518888　　　　　　　　售后服务：010-64518899
网　　址：http://www.cip.com.cn
凡购买本书，如有缺损质量问题，本社销售中心负责调换。

定　　价：58.00元　　　　　　　　　　　　版权所有　违者必究

前言

外贸业务是许多有一定英语基础的人想去从事的一项具有挑战性、有发展性的工作。在所有外贸岗位中，从事对外贸易业务的销售人员——也就是外贸业务员（从事寻找客户、贸易磋商、签订合同、组织履约、核销退税、处理争议等进出口业务全过程操作和管理的综合性外贸从业人员），是很多新人向往的。

但对于刚毕业的大学生，或者从其他行业转行而来的外贸新手，进入外贸行业，要真正把外贸业务开展起来却不是那么容易。所以，许多新人就茫然起来。其实，这个时候，你要更加注重学习！学习是一个永恒的话题，特别是你进入了新公司，一切都是新的，你在学校里面学的知识，或者是以前的一些经验和技能也许在这个公司不适用，也许一切都要从头再来，所以学习非常必要。新手要时刻保持高昂的学习激情，不断补充知识，提高技能，以适应公司发展，争取获得更多更好的发展机会，为机遇做好准备。

本书就是专为外贸新手而打造的。本书内容分为三个部分。

第一部分为"外贸新手适应期"，主要讲述认识自己的岗位、了解自己的企业及产品、外贸业务拓展工作流程、外贸礼仪礼节和口语等内容。

第二部分为"外贸业务入门期"，主要讲述寻找外贸订单、签订外贸合同、信用证的催开与处理、备货、办理商品检验、办理保险、出口报关、出货安排与跟踪、制单结汇等内容。

第三部分为"外贸业务提升期"，主要讲述让业绩不断攀升、外贸业务风险防范等内容。

通过对本书的学习，外贸新手可以全面掌握外贸业务的各项技能，更好地开展外贸业务工作。

本书具有以下四个特点。

（1）模块清晰。全书分为三大部分，即外贸新手适应期、外贸业务入门期和外贸业务提升期。

（2）内容全面。本书的最大亮点就是把外贸新手需要掌握的知识和技能分成三个阶段，循序渐进。

（3）拓展知识丰富。本书提供了大量的流程、图表，以直观的形式展示相关内容，便于读者阅读和学习。此外，书中还设置了"范本""实例""温馨提示"等栏目，对相关内容进行丰富和拓展，为读者提供了有价值的信息。

（4）实操性强。由于现代人工作节奏快、学习时间有限，本书尽量做到去理论化、注重实操性，以精确、简洁的方式描述所有知识点，最大限度地满足读者希望快速掌握外贸业务技能的需求。

由于笔者水平有限，书中难免会出现疏漏与缺憾之处，敬请读者批评指正。

编著者

目录

01

第一部分　外贸新手适应期

　　刚毕业的大学生，或者从其他行业转行而来的外贸新手，进入外贸行业总有一段适应期，这段时间把握得好，能很快适应工作的节奏，尽快胜任自己的岗位并取得快速成长和提高。在这一适应期，外贸新手应对企业文化、工作制度加以了解，要清楚自己的岗位，需要哪些能力，了解具体负责的工作及业务程序。明确了自己的岗位要求，外贸新手要针对这些要求，检索自己的能力是否具备，对于那些尚有差距的部分，自己要苦练内功，进行相应的提高。

第二部分　外贸业务入门期

　　大部分的工作都有一个熟能生巧的过程，我们经常练习，多做准备，相应地就会越来越熟练，岗位的适应能力也就会越来越强。外贸业务的开展也是如此。外贸新手们可以按照本部分所介绍的业务内容，一步一个脚印、踏踏实实地做好每件事。当各项业务操作过几次后，就一定能够达到熟能生巧的地步，也为将来业绩的提升打好坚实的基础。

03

第三部分　外贸业务提升期

外贸新手经过一段时间的业务入门实践之后，要有目标地提升自己的业务能力，使自己的业绩不断攀升。一个人之所以优秀，与其关注工作中的细节有很大的关系。本部分主要介绍一些外贸业务员的工作细节，及外贸业务中可能遇到的风险和防范措施，以期自己的业绩不断攀升，使自己的外贸订单不至于陷在风险中给企业带来损失。

第一部分　外贸新手适应期

 导言

　　刚毕业的大学生，或者从其他行业转行而来的外贸新手，进入外贸行业总有一段适应期，这段时间把握得好，能很快适应工作的节奏，尽快胜任自己的岗位并取得快速成长和提高。在这一适应期，外贸新手应对企业文化、工作制度加以了解，要清楚自己的岗位，需要哪些能力，了解具体负责的工作及业务程序。明确了自己的岗位要求，外贸新手要针对这些要求，检索自己的能力是否具备，对于那些尚有差距的部分，自己要苦练内功，进行相应的提高。

认识自己的岗位

作为一名员工，应该明白，工作表现的好坏，在于职责范围内工作完成的情况如何。因此，想要有好的业绩，想要赢得领导的重视，首先要对自身的职责内容有充分的了解。

通常来说，可以从以下几方面了解自己的工作岗位。

1.1 了解工作岗位大致情况

你需要了解自己工作的岗位名称、性质、意义和价值，清楚自己的工作内容、工作范围，自己的岗位需要掌握哪些业务知识、基本技能和现代技术方法。

有些企业有明确的职位说明书，详细地规定了工作的职责和内容；有些企业则没有，而是由上司口头传达。此时，你最好能逐项记录工作项目，以便自身能清楚地把握。

职位说明书是一份提供有关任务、职责信息的文件（工作的内容是什么），也就是对有关工作职责、工作活动、工作条件以及工作对人身安全危害程度等工作特性方面的信息所进行的书面描述。

职位说明书的另外一部分是关于工作责任和工作任务的详细罗列。工作说明书中还应当界定工作承担者的权限范围，包括决策的权限、对其他人实施监督的权限及经费预算的权限等。某企业的外贸业务员职位说明书见表1-1。

表1-1 某企业的外贸业务员职位说明书

一、职位标识			
职位名称	外贸业务员	职位编码	
所属部门	外贸业务部	职位编制	
直接上级	外贸部经理	直接下级	无
二、职位使命（该职位存在的价值，独一无二的贡献）			
完成公司下达的销售目标，开发新客户，维护核心客户，为公司创造最大的销售业绩			

三、职位职责（根据实际填写主要工作内容，不要求全部填完）	
关键领域	工作内容
客户拓展	（1）做好并完成每天、每周、每月的计划。注册免费及付费B2B(也有写成BTB，是Business-to-Business的缩写，商家对商家进行交易)等网站，发布产品信息 （2）在网络上搜集客户资料，通过电话、邮件、传真等发产品信息给潜在客户，回复客户的邮件，抓住客户 （3）更新注册网站上的产品信息，提高客户浏览概率
建立客户关系	（1）向客户提问，找出并明确客户真正的需求，做好与公司内部技术等部门的沟通 （2）根据客户要求发送样品并确认合格，做好全方位的沟通与问题处理工作 （3）为客户提供应用技术方案及售后保障，解决客户使用过程中存在的问题并建档
销售目标达成	（1）主动跟进、帮助客户，关心客户，急客户之所急，想客户之所想，建立良好的客户关系 （2）给出客户立即购买的理由，促成客户及时付款下单
交付产品	（1）跟进产品交付，确保按客户要求的质量、数量、交期、运输方式进行交付 （2）估计客户收到产品时，主动与客户联系，告诉客户相关产品交付的情况
客户关系管理	（1）客户使用产品的过程中，主动关心使用情况，及时解决客户疑难、投诉等问题，定期以邮件、电话等形式对客户做好售后服务和关系维护，并保持长期合作关系 （2）分类整理客户资料、客户投诉以及客户流失率，并汇报给部门经理
其他	（1）按要求做好各类工作中的数据统计，收集市场中同类产品、客户需求等信息，及时反馈给公司 （2）完成公司安排的其他工作
四、工作联系	
内部联系	技术研发部、品管部、生产部、仓库、采购部、财务部等
外部联系	客户、运输公司、快递公司

第1章　认识自己的岗位

五、任职资格		
学历/工作 经验要求	教育背景	• 市场营销、经济管理类相关专业 • 专科以上学历
	工作经验	• 3年以上工作经验 • 2年以上电话营销相关领域工作经验
	其他要求	（如性别、年龄、地域等，没特别要求可不填）
知识要求（根据职位实际要求，可修改或增减相关知识）	公司业务知识　□了解　■熟悉　□精通 法律法规知识　■了解　□熟悉　□精通 人力资源知识　■了解　□熟悉　□精通 营销知识　　　□了解　□熟悉　■精通	
专业技能/素质	（1）英语水平在六级以上，能熟练操作办公软件，打字每分钟60字 （2）自信，人生目标明确，有强烈的事业心 （3）为人正直诚实，具有很好的亲和力 （4）能够吃苦耐劳，可以承受大的工作压力 （5）具有很好的商业道德，能够保守公司的商业机密	
资格证书	毕业证书、英语六级证书	
拟定者		审核者
人力资源部		日期

1.2　了解岗位工作程序和工作流程

在任何一个单位，部门与部门之间、岗位与岗位之间都会发生各种各样的工作关系，并需要进行协作和配合，所以，就要把这种工作行为固定下来，成为一种规范，这种规范就是工作程序。大多数单位的日常工作行为和正常工作秩序都用相关文件规范下来，并要求员工贯彻执行。比如一般单位的请假程序都会规定：什么情况下可以请假、向谁请假、如何请假、哪个岗位可以批几天假等。每个员工都应按照这个程序请假。

工作程序组成工作流程，小流程又组成大流程。对这些工作程序和工作流程，必须要加以了解。否则，就不能严格按单位的管理模式运作，也不能确保工作与生产的高效。

1.3 了解岗位的工作要求

单位和领导对这个岗位的工作要求是什么，如所期待的工作态度、工作要求、工作标准、价值观、行为方式等，你要了解和掌握它们，越快越好。这样，才能使自己的行为与单位的期待自觉地吻合和保持一致，从而加快领导、同事对自己认可、认同的心理过程，使他们感受到你已经成为他们中间的一员。

1.4 了解岗位前任离职的原因

你还可以了解你的工作岗位的前任发生了什么情况。如果这个人已经提升，就弄清楚是什么原因使他提升，从这里就可以知道，新单位对担任这项工作的人期望的是什么；如果此人被解雇，就可以知道哪些事做得不到位。

1.5 了解单位是如何评价岗位工作的

你还应该了解单位将怎样评价你的工作。通常，对某个工作岗位进行评价的标准有两种，即正式的和非正式的。正式标准一般是可以衡量的，它的形式如产量或生产率、销售量等。在这方面做得好的人提升得快，薪水增长得多。用正式标准来衡量一个人的业绩，一般是通过考评来进行的。如果你希望被提升，就需要集中力量达到和超过有关的正式标准。非正式标准则较难描述，它全由上司来决定。典型的例子如穿着方式、对工作是否感兴趣、与工作团队是否打成一片等。迎接这些挑战的最好办法，是观察自己所在部门其他成功的成员，看他们是怎样工作的。

通常成熟的企业都有绩效考核方案，作为新入职的员工一定要了解本岗位的绩效标准，以便努力去达成这一标准。以下提供某进出口有限公司外贸业务员绩效考核方案，供参考。

【范本】▶▶

某进出口有限公司外贸业务员绩效考核方案

一、总则

（1）为激励销售人员的主动性，积极争创效益，确保公司产品、服务满足客户的需求。

（2）本方案适用于公司销售部、电子商务部。

二、总体目标

（1）激发业务人员积极性，确立工作量和工作成果的考核标准，形成一支有战斗力的业务队伍。

（2）以岗位考核为依据，以绩效工资考核其工作量及工作业绩。

（3）加强团队建设，建立业务和管理技巧的培训及交流制度。每周三定时召开业务汇报交流会，每月进行工作总结报告，每季度进行季度比赛。

三、考核原则

（1）以现金作为考核依据。

（2）绩效考核的基准金为工资的10%。

四、评分原则

务必实事求是、客观、公平、严肃。

1. 工作基础考核内容（量化指标）

（1）业务员新开发客户数，每少3个扣1分，扣完本项分为止。

（2）业务员向客户针对性发送开发信，每少5封开发信扣1分，扣完本项分为止。

（3）每月寄出的样品数量，资深业务员少寄出1个样品扣5分，扣完本项分为止；新业务员一个样品也没有寄出扣5分（考虑到新业务员未熟悉产品和市场情况）。

（4）寄出的样品若客户反映质量出现问题、样板外观问题、错寄样板，出现前2个问题扣3分，出现后1个扣4分。

（5）每出现绩效考核表中所列的一个问题扣3分。

（6）完成业绩任务的90%，计算分数为90%×20=18（分），以此类推，完成10%以下的为2分。

（7）未按时提交报表扣3分，内容有雷同扣2分，未能反映本月工作情况扣3分，未能反映下月工作计划扣2分。

2. 月度工作表现考核表（细化指标）

为避免个人过于主观评分，特别设了综合评分$=\dfrac{\text{自我评分}+\text{相关同事评分}+\text{上级评分}}{3}$。

相关同事：本月工作与之有关联的同事，如相关同事有3人，则取3人的平均分数。

没有相关同事的评分项，综合评分 $= \dfrac{\text{自我评分} + \text{上级评分}}{2}$。

五、考核指标

考核指标实行层级考评，分为A、B、C、D、E、F六个层次。

评分等级定义表

考核得分	121～130分	111～120分	91～110分	71～90分	61～70分	60分以下
考核结果	A	B	C	D	E	F
考核系数	2	1.5	1	0.8	0.6	0.4

六、薪酬标准

业务人员采用"基本工资＋绩效考核基准金×当月考核系数＋业务提成"的薪酬体系。

七、工作基础考核内容（量化指标）

序号	分值/分	考核期	KPI（关键绩效指标）	指标内容	权重/%	主管评分
1	10	月/季/度	新开发客户的数量	对新业务员：新开发客户50个并建档 对资深业务员：新开发客户30个并建档	8	
2	10	月/季/度	开发信数量	对新业务员：向客户针对性发送开发信100封 对资深业务员：向客户针对性发送开发信60封	8	
3	15	月/季/度	每月寄样品数量	对新业务员：每月寄出1个样品（新客人或新产品） 对资深业务员：每月寄出2个样品（新客人或新产品）	12	
4	10	月/季/度	客户反馈样品问题	（1）反馈样品功能质量出现问题 （2）反馈样品外观问题 （3）反馈寄错样品	8	

序号	分值/分	考核期	KPI（关键绩效指标）	指标内容	权重/%	主管评分
5	15	月/季/度	订单跟进	（1）确认订单过程中对包装/型号/颜色等订单资料有错误，包装资料需在15天内确认 （2）大货样品寄给客户出现问题（寄前需检查） （3）采购通知订单完成2天内发PI（Proforma Invoice，形式发票）给客户催余款 大货的照片发给客户出现问题（发前需检查） （4）订单出货后3内发PI（形式发票）、CI（商业发票）、PL（装箱单）、装柜照片给客户	12	
6	20	月/季/度	销售计划达成率	$\dfrac{\text{实际完成销售额}}{\text{计划销售额}} \times 100\%$（×20分）	15	
7	10	月/季/度	月报表提交时间质量	未按时提交扣3分；内容有重复扣2分；未能反映本月工作情况扣3分；未能反映下月工作计划扣2分	8	

八、月度工作表现考核表（细化指标）

考核内容	内容提要	分值/分	权重/%	自我评分	相关同事评分	上级评分	综合评分
个人素质（6分）	职业道德操守	2	1.5		√		
	个人仪表仪容	2	1.5		√		
	尊重与礼貌	2	1.5		√		
工作态度（8分）	团队协作精神	2	1.5		√		
	处理问题的积极性	2	1.5		√		
	对待问题的责任感	2	1.5		√		
	遵守规章制度	2	1.5		（人事）		

新手学 外贸 从入门到精通

考核内容	内容提要	分值/分	权重/%	自我评分	相关同事评分	上级评分	综合评分
工作能力（8分）	沟通能力	2	1.5		√		
	应变能力	2	1.5		√		
	执行能力	2	1.5		√		
	判断能力	2	1.5		√		
专业知识（9分）	产品知识与培训	3	2.3		√		
	外贸知识与培训	3	2.3				
	谈判技巧与创新	3	2.3				
工作成果（9分）	服从上级安排	3	2.3				
	完成工作的质量	3	2.3				
	工作效率	3	2.3				

第 ② 章

了解自己的企业及产品

2.1 了解企业的基本资料

作为外贸新手，进入一个企业，必须对自己所要服务的企业的基本资料有一个比较确切的了解，这对你处理同事关系、回答客户问询、做好外贸工作会有很大的帮助。

（1）本企业的发展简史、主要大事记。

（2）本企业的经营特色。

（3）本企业各项设施的状况、产品的特色等。

（4）企业内各部门的主要功能、工作职责、经理的姓名、办公室的位置和电话。

（5）本企业的服务宗旨、服务风格。

（6）本企业的LOGO（商标）、BI（行为识别）形象规范。

（7）企业周围的车站名称及位置，经过哪些公交车，企业距离火车站、码头、机场的距离及交通方法。

（8）企业周围的标志性建筑等。

2.2 了解企业的组织架构

组织架构是企业的全体成员为实现组织目标，在管理工作中进行分工协作，在职务范围、责任、权力方面所形成的结构体系。透过组织架构，你可以了解以下内容。

（1）个人自身的工作权责及与同事工作的相互关系，权责划分。

（2）公司中领导与下属的关系，应遵循何人的指挥，须向谁报告。

（3）员工升迁渠道，建立自己的事业目标。

作为外贸新手，要对国际贸易部的组织架构有充分的了解，不同规模的企业，其国际贸易部的职位设置也不同。

2.2.1 纯外贸公司的组织架构

纯外贸公司的组织架构如图2-1所示。

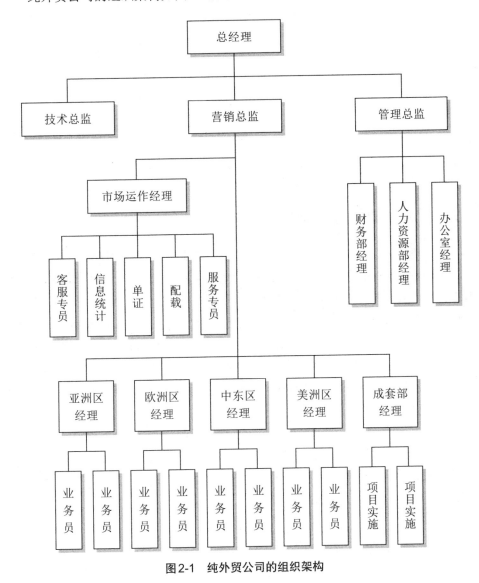

图2-1 纯外贸公司的组织架构

2.2.2 生产型企业外贸部组织架构

生产型企业外贸部组织架构如图2-2所示。

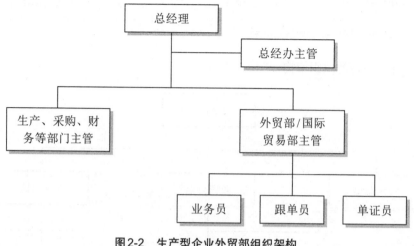

图2-2　生产型企业外贸部组织架构

2.3　了解企业的规章制度

新人要融入一个企业，必须对该企业的文化有所了解，要按照企业的行为规范、工作方式来工作，而不是按照自己的想法来行事。另外，企业里部门多、人员多、工作繁忙，外贸业务员必须树立自觉遵守纪律的思想观念，认真遵守、贯彻执行企业的各项规章制度和工作守则，服从企业对工作的安排和调动。这是统一协调做好工作的前提和保证，是整个企业工作避免因某个环节出差错而全局混乱的保证。

而对于新入职的外贸人员而言，了解企业的企业文化最简便的方法是阅读企业的员工手册和一些规章制度。

"员工手册"是企业规章制度、企业文化与企业战略的浓缩，是企业内的"法律法规"，是员工了解企业形象、认同企业文化的渠道，也是自己工作规范、行为规范的指南。

2.3.1　员工手册

员工手册通常由以下几部分组成。

（1）手册前言。对这份员工手册的目的和效力给予说明。

（2）企业简介。使每一位员工都对公司的过去、现状和文化有深入的了解。可以介绍企业的历史、宗旨、客户名单等。

（3）手册总则。手册总则一般包括礼仪守则、公共财产、办公室安全、人事档案管理、员工关系、客户关系、供应商关系等条款。这有助于保证员工按照公司认同的方式行事，从而达成员工和公司之间的彼此认同。

（4）培训开发。一般新员工上岗前均须参加人力资源部等统一组织的入职培训，以及公司不定期举行的各种培训，以提高业务素质和专业技能。

（5）任职聘用。说明任职开始、试用期、员工评估、调任以及离职等相关事项。

（6）考核晋升。考核晋升一般分为试用转正考核、晋升考核、定期考核等。考核评估内容一般包括指标完成情况、工作态度、工作能力、工作绩效、合作精神、服务意识、专业技能等。考核结果为优秀、良好、合格、延长及辞退。

（7）员工薪酬。薪酬是员工最关心的问题之一。应对公司的薪酬结构、薪酬基准、薪资发放和业绩评估方法等给予详细说明。

（8）员工福利。阐述公司的福利政策和为员工提供的福利项目。

（9）工作时间。使员工了解公司关于工作时间的规定，往往和费用相关。基本内容是办公时间、出差政策、各种假期的详细规定和相关的费用政策等。

（10）行政管理。行政管理多为约束性条款。比如，对办公用品和设备的管理、个人对自己工作区域的管理、奖惩、员工智力成果的版权声明等。

（11）安全守则。安全守则一般分为安全规则、火情处理、意外紧急事故处理等。

（12）手册附件。与以上各条款相关的或需要员工了解的其他文件。如财务制度、社会保险制度等。

2.3.2　其他制度

其他制度包括员工行为规范、考勤制度、请假方式、体检制度、仪容仪表制度、奖惩制度等。

2.4　熟悉企业（公司）的产品

作为外贸业务员，首先要熟悉产品的用途，这样才能知道谁是你真正的下游客户。找到客户了，你要和他进行沟通谈判就必须了解产品的特性，即指标、生产工艺、原料。另外，找到自己公司产品和国内外其他厂家产品的差距在哪里，这样就真正熟悉了产品，也利于业务谈判。

（1）如果你所在公司拥有工厂，那么你要放下业务员的架子，到工厂去从基层学起。

（2）如果你是外贸公司的员工，所有产品都是从其他工厂进的，则可以借助网络来了解。阿里巴巴中文网站是一个很好的平台，你可以通过该网站去了解产品，多了解几个工厂的产品，你很快就会熟悉该领域。

网络社会，可以在网络上熟悉自己的产品。比如你所销售的产品，会在很多国外的超市中出售，你可以在外国企业的网站上找到与自己产品类似的产品，上面有很多英文介绍，用途、图片、包装方式等都很详细，你可以下载下来，然后在下次发报价给国外客户时发给他们，因为这适合他们的习惯用语，比你自己花费很多时间翻译好得多。

（3）跟着上司、老同事学。上司、老同事通常对产品十分了解，随着你的客户寄给你的样品越来越多，你或多或少地要写打样申请（请生产部门按客户寄来的样品制作样板），上司肯定会告诉你，哪类产品是经常出口日本的，哪类产品是出口欧美的，哪类产品可以做，哪类产品做不了，他们都非常了解，跟着他们学是最快的。

（4）从同行业中了解自己的产品。你可以重新申请一个阿里巴巴中文网站的账号，不要写自己公司的名称，而写一个外贸公司。

第 ③ 章

外贸业务拓展工作流程

工作流程是指工作事项的活动流向顺序。工作流程包括实际工作过程中的工作环节、步骤和程序。全面了解工作流程，要用工作流程图；工作流程图可以帮助管理者了解实际工作活动，消除工作过程中多余的工作环节，合并同类活动，使工作流程更为经济、合理和简便，从而提高工作效率。作为外贸新手，进入一家企业开展工作，一定要留意各项工作的流程。

3.1 外贸业务总体流程

一项外贸业务或者说一个订单从接单开始一直到收汇退税为止，要做的事情太多，如报价、订货、付款方式、备货、包装、报检、报关、装船、提单、交单、结汇，涉及的部门也非常广，以下以接单、备货出货、制单收款三个阶段来说明每一个阶段的工作流程。

3.1.1 接单流程

接单流程如图3-1所示。

3.1.2 备货出货

备货出货流程如图3-2所示。

3.1.3 制单收款流程

制单收款流程如图3-3所示。

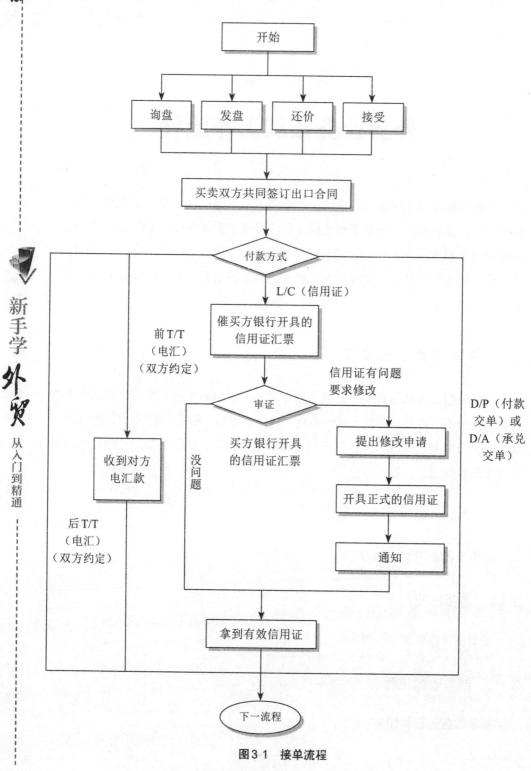

图3-1　接单流程

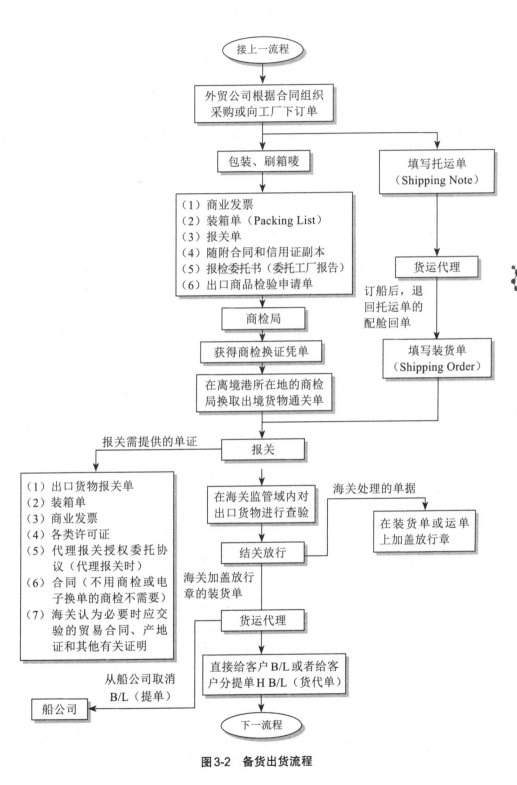

图3-2 备货出货流程

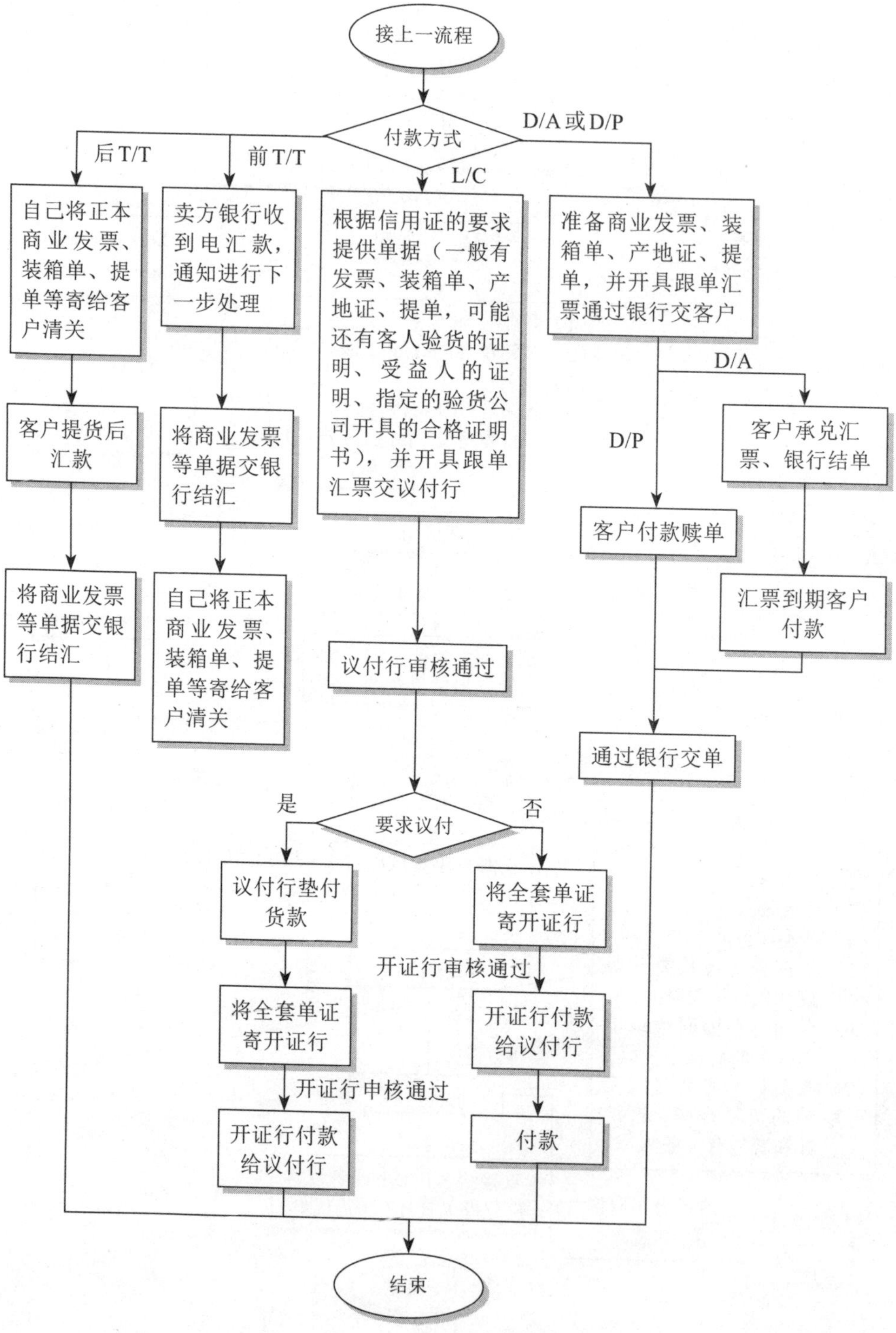

新手学 外贸 从入门到精通

接上一流程

付款方式 —— D/A 或 D/P

后 T/T ← 前 T/T ← L/C

后 T/T 分支：
自己将正本商业发票、装箱单、提单等寄给客户清关

↓

客户提货后汇款

↓

将商业发票等单据交银行结汇

前 T/T 分支：
卖方银行收到电汇款，通知进行下一步处理

↓

将商业发票等单据交银行结汇

↓

自己将正本商业发票、装箱单、提单等寄给客户清关

L/C 分支：
根据信用证的要求提供单据（一般有发票、装箱单、产地证、提单，可能还有客人验货的证明、受益人的证明、指定的验货公司开具的合格证明书），并开具跟单汇票交议付行

↓

议付行审核通过

↓

要求议付 —— 是 / 否

是：
议付行垫付货款

↓

将全套单证寄开证行

开证行申核通过

↓

开证行付款给议付行

否：
将全套单证寄开证行

开证行审核通过

↓

开证行付款给议付行

↓

付款

D/A 或 D/P 分支：
准备商业发票、装箱单、产地证、提单，并开具跟单汇票通过银行交客户

↓ D/A

客户承兑汇票、银行结单

↓

汇票到期客户付款

↓ D/P

客户付款赎单

↓

通过银行交单

↓

结束

图 3-3　制单收款流程

3.2 外贸部业务流程

外贸部接到订单后至出货，外贸部与生产、财务或者外购厂家之间也有一些业务要处理。下面介绍的一些业务流程，来自于一个既有自己的工厂，同时也会外购一些产品来出口的外向型企业，希望有助于外贸新手对外贸部业务流程有个大概的了解。但不同的企业有不同的做法，你在进入企业以后，要用心去了解，而不要完全照搬此处的流程。

以下根据订单情况的不同来介绍。

3.2.1 一般订单业务流程

一般订单业务流程如图3-4所示。

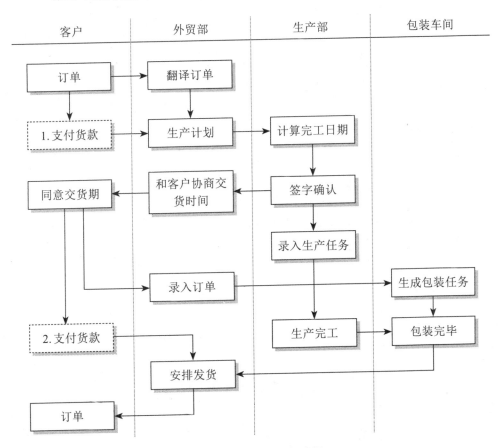

图3-4 一般订单业务流程

3.2.2 新品订单业务处理流程

新品订单业务处理流程如图3-5所示。

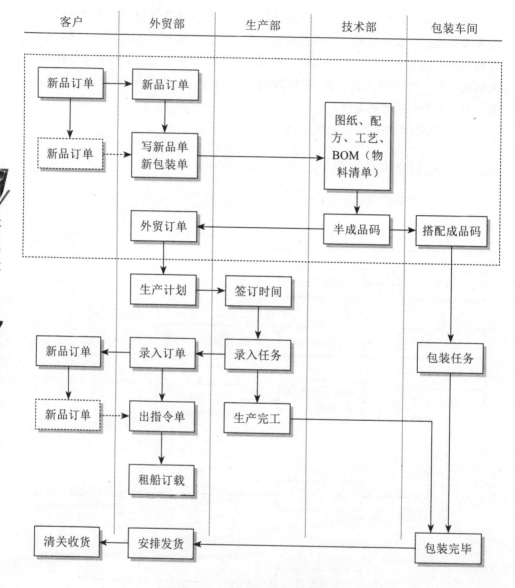

图3-5 新品订单业务处理流程

3.2.3 进料加工业务流程

进料加工业务流程如图3-6所示。

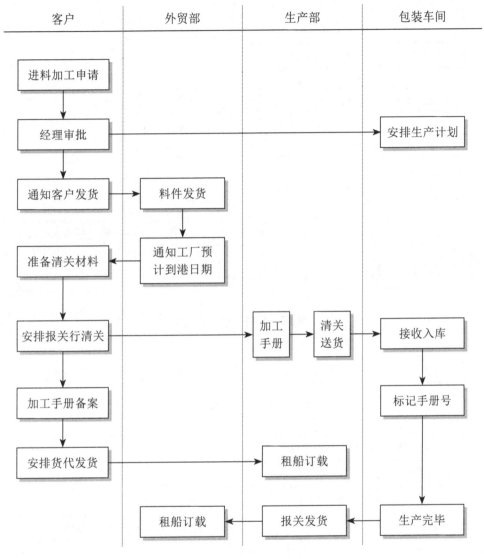

客户	外贸部	生产部	包装车间
进料加工申请			
经理审批			安排生产计划
通知客户发货	料件发货		
	通知工厂预计到港日期		
准备清关材料			
安排报关行清关	加工手册	清关送货	接收入库
加工手册备案			标记手册号
安排货代发货	租船订载		
租船订载	报关发货		生产完毕

图3-6 进料加工业务流程

3.2.4 外购订单业务流程

外购订单业务流程如图3-7所示。

3.2.5 退货/返修业务处理流程

退货/返修业务流程如图3-8所示。

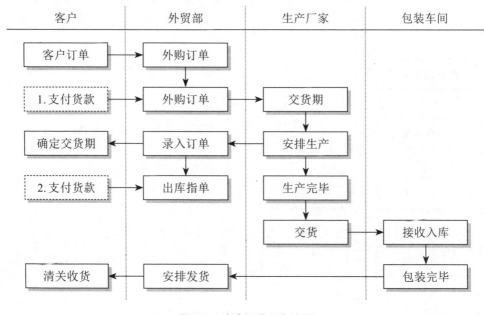

图3-7 外购订单业务流程

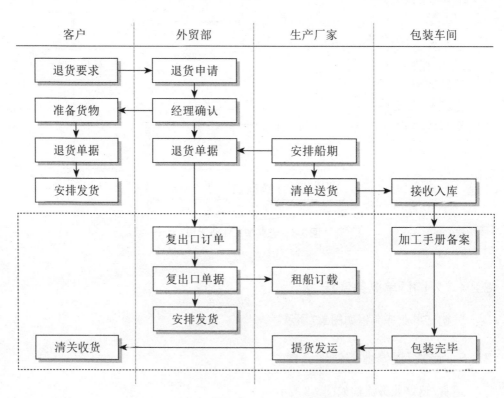

图3-8 退货/返修业务处理流程

3.3 外贸业务员每日工作流程

外贸业务员每日的工作任务非常多，做好一日安排也非常重要。当然，不同的人有不同的方式，表3-1所介绍的流程仅供参考。

表3-1 外贸业务员每日工作流程

序号	工作项目	内容	备注
1	登入联系方式	进入公司上班后，首先要进入公司的网站，打开以公司名义注册的MSN、雅虎通、QQ等联系方式，查看留言，查看在线联系人，查看有没有在线询盘的客户等	
2	登入邮箱	登入邮箱，处理客户的邮件，在登入邮箱时要查看邮箱留言、邮件、各种询盘等。对这些邮件要进行筛选，分析出重要回复的邮件、次要回复的邮件等。在处理邮件的过程中，要给客户回复邮件，对以前发送的邮件再进行客户跟踪等	每天至少4次收发邮件，上午和下午各2次，多多益善
3	发送联系邮件	在处理完客户询盘邮件以后，要进行发布联系邮件，在已有的客户联系资料中，根据目前市场需求量的大小选择国外客户进行发布联系邮件，给老客户或者潜在的客户发送公司的最新产品信息	
4	处理退回邮件	在发布的联系邮件过程中，会有部分邮件可能由于邮箱错误、网络等方面的原因而退回，这时要根据邮件退回的信息处理退回的邮件，最主要的是查处退回的原因，以便下次能发出成功	
5	在线询盘的处理	对有些在线询盘的客户，要根据目前的市场行情，给客户在线进行报价，双方在线进行价格的磋商，主要有询盘-发盘-还盘-接受等，在客户接受价格之后，尽快要求客户下订单，以便我方做合同，以最快的时间把合同传给客户确认，等客户把确认的合同传回来之后，要执行合同	
6	在商务网站上发布商业信息	将产品信息、图片发到网上去，要定期更新，更新快的话，产品信息就会出现在目录的首页，坚持去做会有收获的	1小时

序号	工作项目	内容	备注
7	浏览一下你所有的客户资料，寻找客户的吉祥日	可以在节日（或客户生日）的时候给客户发送卡片祝福，客户会觉得很亲切，如果这个客户从来没有做过生意，他更会觉得你很有人情味，愉快合作意向可能就会因此而产生	花5分钟时间即可
8	浏览所有执行中合同的进度及跟进情况	一定要坚持定时浏览这些合同的情况，要与跟单部门、生产厂联系，若发现有问题及时处理	大约花1小时的时间
9	客户信息管理	寻找一个合适的外贸软件，如果实在找不到，使用Excel表格也可以。将所有收到的客户信息及时记录下来，并且做好客户要求的分类工作，特别是客户的询盘内容，以方便你的跟踪	要及时记录
10	浏览一些外贸商务网站	主动到相关商务网站里寻找买家。在浏览网站时，要有针对性，善于使用搜索的功能。同时要对自己认为有价值的信息进行记录，这些信息很可能会让你走向成功	花20分钟
11	其他	（1）花1分钟浏览一下人民币汇率 （2）花20分钟优化网站与广告 （3）花20分钟收集B2B	

新手学

外贸

从入门到精通

第 ④ 章

外贸礼仪礼节和口语

外贸业务员进入企业工作，也就是进入实际操作阶段，在学校里面学习的外贸礼仪、礼节和口语也就要派上实际用场了。

4.1 客户来电

外贸业务员接到外贸客户的电话时，因为没法看到对方的容貌、表情，只能听到对方的声音，因此对声音的敏感度就格外重要。对外贸人员来说，接听外国客户打来的电话是家常便饭。有的外贸新手一听到话筒传来"Hello"（您好）的声音，就会变得紧张，原因之一是怕听不太懂，另外也怕赶不上对方说话的速度，从而沟通不畅。你一定要克服这种恐惧感，必须把"听不懂很丢脸"的念头丢掉才行。

4.1.1 礼仪礼节要求

（1）当你赶不上对方说话的速度时，可以委婉地说：

I couldn't catch you. Would you speak more slowly？我跟不上你。你愿意讲慢一点吗？

I'm sorry，I can't follow you. Would you repeat it？抱歉，我跟不上你。你愿意再说一遍吗？

Could you speak more slowly（loudly），please？请说慢（大声）些。

Could you say it again，please？I beg your pardon？请再说一遍。

（2）如果周围环境太吵，以至于无法听清楚对方说话时，千万不要说："Will you speak more clearly？（你能不能讲清楚点？）"因为，这会令自尊心强的外国客户不高兴，因为用"clear"这个词，意思是对方讲话不够清楚，口齿不清。这时可以改用以下说法"Would you speak more loudly，please？（我听不见你说的话。你愿意讲大点声音吗？）"

（3）当你忙得不可开交，却接到一通冗长的电话时，可以用"Thank you for calling. I wish we could talk longer，but I have kept my visitor waiting.（谢谢你打来

电话。我希望我们能谈一会，但我已经让来客久等了。)"来使对方了解到谈话应该结束，同时也不会显得没有礼貌。

在接电话时，听不懂的地方一定要再问，如果电话里实在听不懂，可以跟客户说可否发邮件确认，以免造成误解。

4.1.2 常用口语举例

客户来电时常用口语如表4-1所示。

表4-1 客户来电时常用口语

序号	中文意思	英语口语
1	喂（你好），×××公司。请讲。	Hello, this is ×××Company. Speaking.
2	这里是×××公司。下午好。	××× Company. Good afternoon .
3	请问你是哪位？	• May I have your name, please？ • Who is calling, please？ • Who am I speaking to？
4	请找彼得先生接电话。	• May I speak to Mr. Peter，please？ • I'd like to speak to Mr. Peter. • Mr. Peter，please.
5	请稍等。	• One moment，please. • Just a moment，please. • Please wait for a moment. • Please hold the line a moment. • Please stay on the line.
6	请稍等，我去叫他。	• Just a moment，please. I'll call him. • Hold on，please. I'll get him for you.
7	知道了，我替你转接客户服务部。	I see，I will transfer your phone to customer service.
8	我是客户部×××，让你久等了。	This is ××× of Customer Service，thank you for your patience
9	您找谁？	• Who do you want to speak to？ • To whom would you like to speak？

新手学外贸从入门到精通

序号	中文意思	英语口语
10	对不起，他刚好不在。	I'm sorry; she is not here right now. I'm awfully sorry; she is not in just now
11	很抱歉，玛丽正在接别人的电话，请问能否稍等一下？	I'm afraid Mary's on another line. Would you mind holding?
12	你打的电话号码是多少？	What number are you calling?
13	对不起，我们办公室没有一个叫约翰的人。	• I'm sorry, there's no one named John here. • I'm sorry, there isn't anyone named John in this office
14	你好像打错号码了。	I'm afraid you have got the wrong number
15	对不起，您拨错分机号了，请稍等，我给您转玛丽小姐。	I'm sorry you have the wrong extension. Hold on the line and I'll transfer you to Miss. Mary.
16	电话信号不太好。	We seem to have a poor connection.
17	很遗憾，线路太糟了。把电话挂了，我再给你打过去。	I'm sorry it's a bad line. Please hang up and I'll call again.
18	她出去了。	She is out of the office.
19	她在开会。	She is in conference.
20	她正忙。	She is busy (tied up) at the moment.
21	她出差了。	She is away on business.
22	请问你贵姓？电话号码是多少？	Could I have your name and number, please?
23	他该怎么与你联系？	Where can he contact you?
24	请问，你的号码是多少？	What number are you calling from, please?
25	怎样称呼您？	• How do you spell your name? • Could you spell your name, please?
26	好，他一回来（一进来）我就问他。	• Good. I'll ask him to call you as soon as he's back. • Fine. I'll ask him to phone you as soon as he comes in.

第4章 外贸礼仪礼节和口语

序号	中文意思	英语口语
27	好的，他回来时，我告诉他。	Right. I'll let him know when he is in.
28	她什么时候会回来？	• Could you tell me when she'll be back ? • Can you give me some idea what time she'll be in ? • What time do you think she'll be back ?
29	我有要紧的事，拜托！	I have something very urgent，please !
30	我有要紧的事，您能否告诉我她的手机号码。	I have something very urgent；could you kindly let me know her mobile phone number ?
31	要不要留话。	• Is there any message ? • May I take a message for him ?
32	请转告他。	Please take a message for him.
33	可以留言吗？	Can I leave a message for him ?
34	请转告她我给她打过电话。我叫 Lily。	Could you let her know I called ? This is Lily.
35	不用了，谢谢，没什么急事。我等会再打过来。	No，thank you. It's not urgent. I'll call back later.
36	请她打××××××。	Please ask him to call at × × × × × × ×
37	请待会再打过来。	• Please call back later. • Please call again later.
38	要不要她给你回电。	Would you like her to call you ?
39	电话正忙。	• The line is busy. • The line is engaged now.
40	感谢你打来电话。	Thank you very much for calling.
41	欢迎您再次致电。	Please feel free to call me again.

新手学 外贸 从入门到精通

4.2　迎接外贸客户

4.2.1　礼仪礼节

外贸业务员到机场迎接外贸客户，事先要和对方约好在特定地点见面（如机场的咖啡厅等），以免找不到人。与人相约，一定要守时，不能让客户久等，否则是很失礼的。如果双方从来没见过面，可以先问清对方的身高、外形、特征和当天穿的衣物。

（1）直接问候。接客户的当天要提前到达约定地点，发现有符合对方所描述特征的人，可以直接上前询问。问的时候可以用以下句子。

A：Excuse me，are you Mr. Mark？　对不起，请问您是马克先生吗？

B：Hello！　Nice/Glad to meet you. 你好！很高兴见到你！

（2）打招呼。在机场迎接客户、朋友时，可以运用以下一些简单的句子来打招呼。

I hope you have enjoyed your flight. I hope you had a nice trip. 我希望你有个愉快的旅行。

Did you have a nice trip？　Did you have a good flight？　旅途愉快吗？

（3）交换名片。按中国人打招呼的习惯，通常在握手的同时，顺手递上名片。但欧美国家的人们只有在认为有必要继续联络时，才会递上名片。所以，名片通常不会在刚见面时交换，而是在告别的时候，在适当的时机递出来。在交换名片时可用以下一些句子。

Oh，let me give you my business card before I forget. 哦，趁我还没忘记以前，让我把名片给你。

Hello！　I'm Lisa. Here's my business card. 嗨！我是丽莎。这是我的名片。

（4）上车时座位的安排。请客户上车时，一定要注意座位的安排：在有司机的情况下，车后座靠右侧是上座；如果是车主自己开车，则车主旁边是上座。但是吉普车，则与一般轿车有不同的座位安排，即使有司机，前座右侧仍然是上座。

（5）从机场返回途中。坐上车，在由机场到市区的路上可以尽量多聊聊，这个时段的谈话内容通常是天气、彼此的近况等话题，这时可以用以下一些句子。

It's very cold isn't it？　天气很冷，是不是？

How's your business？　生意如何？

Did everything go all right？　一切都还好吧？

（6）办理住房手续并告别。到了为客户预订的酒店时，应帮助客户办理住房手续，若是在晚上，道别时应说："Good night"。另外，在道别的时候，对初次见面的人，宜多使用"meet"（认识）。如I'm glad to have met you.（我很高兴认识你。）

但是，对于早已认识或很熟悉的人，则使用"see"（见到）这个动词比较好。如I'm very glad to have seen you.（非常高兴见到你。）

4.2.2 常用口语举例

接客户时常用口语如表4-2所示。

表4-2 接客户时常用口语

序号	中文意思	英语口语
1	对不起，请问你是×××公司的大卫先生吗？	Excuse me，but are you Mr. David from ×××Corporation？
2	请允许我自我介绍一下。	Please allow me to introduce myself.
3	我是来这儿接您的。	I'm here to meet you.
4	很高兴见到你！	Nice to have met you
5	我觉得我们好像已经认识很久了！	I have the feeling that we have known each other for a long time.
6	我们在电话里已经交谈过好多次了。	We have talked to each other for several times over telephone.
7	让我来帮您提那个箱子。	Let me help you with that suitcase.
8	一点也不费事。	No trouble at all.
9	再次见到你真好！	Nice to see you again.
10	真高兴再见到你！	It's good to see you again.
11	你近来怎么样？	How are you getting along？
12	还不错。	Not bad.
13	你今天好吗？	How are you today？
14	很好，谢谢。你呢？	Just fine，thanks. How are you？
15	旅途愉快吗？	Did you have a nice trip？ Did you have a good flight？
16	是的，旅途很愉快	Yes，the flight was smooth.
17	你的行李都在这儿吗？	Do you have all your luggage here？

序号	中文意思	英语口语
18	我们的车停在那边送你们去宾馆。	We have a car over there to take you to the hotel.
19	我们的车就在外边的停车场。	Our car is out in the parking lot.
20	这是你第一次来中国吧？	Is this your first visit to China？
21	你过得怎么样？	How is the world treating you？
22	你这里的工作进展得怎么样？	How are you getting on with your job here？
23	经过长途飞行，您一定很累了。	You must be tired after your long flight.
24	希望您在这儿能过得愉快。	I hope you'll have a pleasant stay here.

4.3 为外贸客户安排日程

4.3.1 礼仪礼节

（1）在接待客户、做出日程安排时，一定要考虑周全，而且要有礼貌。

（2）要尽量以方便客户为原则，当接待客户与自己公司内部的日程安排发生冲突时，应调整自己的日程。

（3）在做出日程安排时，还应考虑客户来自哪个国家，尽量避免因时差给客户带来的不适。

（4）在商谈时，要注意对方的名字，因为"How do you do，Mr. Peter？How's going，Miss Lucy？"这类寒暄，加上了对方的名字，而使听的人倍感亲切、温暖，很容易拉近双方的距离。

温馨提示

事先要准确无误地把对方的姓名记下来，若是见面后通过会话才知道的话，万一听不清楚的时候，可以再请教对方一次，总之，以尽可能不叫错对方名字为原则。

4.3.2 常用口语

日程安排的常用口语如表4-3所示。

表4-3 日程安排的常用口语

序号	中文意思	英语口语
1	恐怕本周周末前我不能预约时间。	I'm afraid I can't make it before the end of the week.
2	非常抱歉，明天已经安排满了。后天怎么样？	I'm sorry tomorrow is all booked up. What about the day after tomorrow？
3	很抱歉，星期二我不能跟你见面。	I'm sorry，I won't be able to keep my appointment with you on Tuesday.
4	那么，我们就定10:00在我的办公室见。	Then，let's make it ten o'clock at my office.
5	午餐前都没有什么安排。	There is nothing scheduled before lunch.
6	除了星期天，哪天下午都行。	Any afternoon except Sunday.
7	星期二上午对您合适吗？	Would Tuesday morning be all right for you？
8	星期四下午怎么样？	What about Thursday afternoon？
9	星期一下午对您合适吗？	Would Monday afternoon suit you？
10	我希望这一周见见您，您看什么时间合适？	I'd like to see you sometime this week. What time would be convenient for you？
11	哪天都可以。	Any day will be fine.
12	明天任何时候都可以。	Any time tomorrow would suit me.
13	星期五整个下午我都有空。	I'll be free all Friday afternoon.
14	除了星期一，哪天都行。	Any day except Monday will be fine.
15	你看，我们可否把见面的时间改到本周晚一点，比如说，星期五。	I wonder if we could change the date of the meeting to sometime later in the week，say，Friday.
16	我在5点等您好吗？	May I expect you at five？
17	你是否一定能来？	Are you quite sure you can come？
18	我想下个星期和您见个面，大约一小时，您能抽出时间吗？	I'd like to have an hour appointment with you next week. Is it possible for you to spare the time？
19	请帮我问一下他的日程安排好吗？	Will you ask him his schedule？
20	彼得先生下午4:00有时间。	Mr.Peter has time at four o'clock in the afternoon.
21	很抱歉，她这个礼拜没空。	I'm very sorry.She doesn't have time this week.

序号	中文意思	英语口语
22	星期五的9:00后我有半小时的时间。	I have half an hour available for a meeting after 9 a.m.on Friday.
23	非常感谢。到时我会来拜访您。	Thank you very much. I will visit you then.
24	彼得先生这周在出差，他下个星期二回公司。	Mr.Peter is on business trip this week. He will come to the office on Tuesday.
25	对不起，我必须取消约会，因为我明天必须去巴黎处理一些事情。	I'm very sorry. I must cancel our appointment, since I learned that I have to go to Paris on business tomorrow.
26	请问您什么时候方便？	Would you please tell me when you are free?
27	嗨，迪克，我想今晚和你一块吃饭，有空吗？	Hey, Dick, I'd like to have dinner with you tonight.Are you free?
28	（电话）马克先生，我很乐意在明天下午2点到您办公室拜访您。	（on the phone）Mark, I'd like to meet with you at your office tomorrow afternoon at two o'clock.
29	恕我冒昧，今天下午我想与您会面。	I'm sorry for the sudden notice, but I'd like to meet with you this afternoon.
30	那么，下午2:00～3:00点之间如何？	How about the afternoon, between two and three?
31	对不起，我们公司的布朗先生明天10点去不了。	I'm sorry, but Mr. Brown of our company cannot go tomorrow at ten o'clock.
32	对不起，马克先生有一些未预料到的业务要处理，今晚不能赴约了，但是他可以在后天晚上同样的时间与您见面，不知可否？	Sorry, Mr. Mark has some unexpected business to attend to, and won't be able to make your appointment this evening. But he'd be glad to see you at the same time the day after tomorrow. Would that be all right?
33	那样的话，明天上午8：00在你办公室见。	Well, then, I suppose we can meet at 8'clock tomorrow morning in your office.
34	行，明天上午我在办公室等你。	OK, I'll be expecting you in the office tomorrow morning.
35	恐怕不行，我明天已安排满了。	I'm afraid not. I'm fully booked up tomorrow.
36	方不方便把我们的约会时间从星期四改到星期六，同样的时间？	Is it convenient to change our appointment from Tuesday to Saturday, at the same time?

第4章　外贸礼仪礼节和口语

序号	中文意思	英语口语
37	马克先生不得不取消他的约会，请你理解。	Mr. Mark had to cancel all his appointments. I hope you'll understand.
38	约翰先生，我想同您商量一下合同草案，今天下午行吗？	Mr. John，I'd like to discuss with you something about our draft contract. Will you be available this afternoon？

4.4 向客户介绍产品

4.4.1 介绍产品的要求

（1）向客户介绍产品时，应拿出一两件具体产品或是公司具有代表性的产品。

（2）要从产品的自身特点，包括产品外形、构造、材质、质量、颜色等多个方面切入，向客户详细介绍，以说明该产品为什么要这样设计，它的优点是什么，在市场上与同类产品相比，竞争力会怎样，从而激发客户的兴趣。

（3）应拿出产品的说明书给客户看，让其了解产品的使用性能和可靠性，以增强客户的订货欲望。

4.4.2 介绍产品的常用口语

介绍产品的常用口语如表4-4所示。

表4-4 介绍产品的常用口语

序号	中文意思	英语口语
1	贵公司的产品哪方面优于竞争对手？	How is your product better than the competition？
2	我们对自己的产品质量非常有信心。	We're confident about the quality of our products.
3	本产品3年保修，保修期间免费提供售后服务。	We'll guarantee this product for three years，and there is no charge for after-sale service during the three years of guarantee.
4	我们的质量绝对有保证。	We guarantee its quality.
5	我们只做最佳品牌的产品。	We handle only the best brands

序号	中文意思	英语口语
6	我们的产品在欧洲很受欢迎。	Our products are well thought of in Europe.
7	我们这里有许多品牌？您更喜欢哪一种？	We've lots of brands here. Which kind do you like better？
8	考虑到我们产品的质量，我们的价格是非常合理的。	Considering the quality of our products, you will find that our price is quite reasonable
9	买高质量的货物是划得来的。	It pays to buy goods owing to their superior quality.
10	我们的价格虽然是高了一点，但是我们的质量是最好的。	It's true our price is a little high，but our quality is the highest.
11	我们这儿有些流行的款式。	We have some fashionable patterns here.
12	您认为深咖啡色的怎么样？	What about this one in dark brown？
13	这种款式的有几种规格和颜色？	We have this style in several size and colors.
14	这些产品质量上乘，而且做工精良。	These products are of the best quality and excellently tailored too.
15	已经采用了创新技术。	Innovative technology has been applied.
16	因为它很轻薄，所以便于携带。	Since it is very thin，you can carry it easily.
17	这种产品耐久性好。	This product is durable.
18	我们的产品很畅销。	Our product is the best seller.
19	这个产品的前景很被看好。	It has good prospect.
20	海外市场很欢迎这个产品。	It has been received favorably in many markets abroad.
21	它比以前的产品更加便于使用。	It is more convenient than the former one.
22	最近销路十分好。	There's been a big rush for it lately.
23	这一型号的机器有很大需求量。	This type of machine is in great demand.
24	这种产品已申请了专利。	This product is patented.
25	这种产品正在申请专利。	The patent is pending for this product.

第 4 章　外贸礼仪礼节和口语

4.5 带客户参观产品陈列室

4.5.1 带领客户途中

当你带领客户到展览室的途中，你可以采用以下说法。

（1）Please come this way. I'd like to show you our showroom. 请走这边。我想带你参观我们的产品陈列室。

（2）I'll take you to our showroom. 我会带你到我们的产品陈列室。

（3）Let me show you around our showroom. 让我带你到我们陈列室四处看看。

4.5.2 在产品陈列室的介绍

（1）如果有意说动顾客买下某件特定产品时，可用："Can I introduce you in this one？"（让我向你介绍这种产品。）来引出介绍的语言。

（2）简单的说明则可以用："How about this one？ What about this one？"（这东西如何？）

为了减少客户对产品质量的怀疑，要适时、适当地称赞一下企业的产品，增加客户对产品品质的信赖。比如，推销衬衫时，我们可以说："We have some fine shirts here. We guarantee its quality."（我们这里有几件上好的衬衫，质量绝对保证。）

最后，当客户要离开产品陈列室的时候，一定要说："Thank you for giving us your precious time."（谢谢你给我们宝贵的时间。）

4.5.3 常用口语举例

常用口语举例（一）如表4-5所示。

表4-5　常用口语举例（一）

序号	中文意思	英语口语
1	非常高兴认识你。希望能跟你再次见面。	I'm very glad to have met you. I hope to see you again.
2	你有兴趣看每一样东西吗？	Are you interested in seeing everything？
3	那么我们就从左边开始参观，好吗？	Then, shall we begin viewing the objects over there on the left？
4	你有说明书吗？	Do you have any literature？
5	有，这是本公司的目录。	Yes，here's our catalog.

新手学
外贸
从入门到精通

序号	中文意思	英语口语
6	能示范如何使用吗？	Can you demonstrate it？
7	你能开动这台机器吗？	Can you g et this machine to start working？
8	你所要做的只是轻轻按下这个按钮。	All you have to do is push this button with just a soft touch.
9	我们想让你完全了解我们的产品。	We like to give you a complete picture of our production range.
10	请看看这东西，这是我们刚刚开发出来的一种新产品。	Please take a look at this. It's a new product.
11	参观我们的产品陈列室，还满意吧？	Did you enjoy visiting our showroom？
12	谢谢你今天莅临我们的产品陈列室。	Thank you for coming to our showroom today.
13	谢谢。希望你在离开前下些订单。	Thank you. I hope you'll place some orders before you leave.
14	占用您的宝贵时间，谢谢您。	Thank you for sparing your precious time.

4.6 陪同客户参观工厂

对于外贸人员来说，接待客户参观工厂是一件经常的事，这也是企业推广业务、树立形象的一个很好机会。

4.6.1 不同阶段的用语

（1）客户抵达工厂时，宜说："I hope the noise isn't bothering you."（希望这些噪声没有吵到你。）

（2）参观时不能久留宜说："We're running a little short on time，so…"（我们的时间有限，因此……）

（3）参观活动结束，车辆在外面等候时说："This completes our schedule for today. I understand they have our car already wait."（今天的活动安排已经结束。我想我们的车已经在等候。）

（4）参观介绍最好从给人印象最深刻的部门——工厂开始，同时必须考虑客户的要求，这时可用"Why don't we start at the workshop. Miss…"（为什么不从工厂开始呢，××小姐？）这样，客户将深感不虚此行。在参观时如果可以安排放映幻灯片或录像带等加以系统介绍，则可用以下导语"Now，we'll show you a 30-minute film about our company."（现在，我们给你放映30分钟有关我公司的电视专题片。）

4.6.2 常用口语举例

常用口语举例（二）如表4-6所示。

表4-6 常用口语举例（二）

序号	中文意思	英语口语
1	让我带你到工厂四周看看。	Let me take you around the factory.
2	请这边走。	Please come this way.
3	本公司经营一系列相关产品。	Our company deals in a wide range of related products.
4	我们希望让你对本厂的运作有个整体的了解。	We'd like to give a complete picture of our operation.
5	请你看看那几本小册子，好吗？	Would you please look through these pamphlets/brochures？
6	请穿上工作服，这是卫生上的要求。	I'm afraid you'll have to wear an overall. It's a hygiene requirement.
7	你需要使用这个，以保证安全。	You need this for security.
8	目前，这家制造厂有员工×××人。	At present, there are ××× workers at the manufacturing plant.
9	当心你的脚下。	Watch your step.
10	我对这一部分不太熟悉，我给您找一个了解的人来。	I'm not familiar with that point. Let me call someone who is more knowledgeable.
11	如果你决定使用我们的产品，保证不会使您失望的。	If you decide to use our products，I'm sure you won't be disappointed.
12	我们时间还多，如果有哪些地方您想了解，请尽管问。	We still have plenty of time，so if there's some place you'd like to stop by，please don't hesitate to ask.

序号	中文意思	英语口语
13	请问您公司年度销售额是多少？	What's the total amount of your annual sales？
14	××××年会计年度，销售额突破1.6亿元。	For the fiscal year ×××× it was a little over 160million yuan.
15	你们的利润有几成？	What's the percentage of your profit？
16	你们全年销售的总收益是多少？	What's the total profit of your annual sales？
17	年产量是多少？	What's your annual output？
18	你们的市场占有率是多少？	What's your market share？
19	你们公司的市场占有率是多少？	What's the market share held by your company？
20	就这些。你还有什么别的想看的吗？	That's it. Is there anything else you'd like to see？
21	我们上楼到办公室去进一步讨论……	Let's go up to my office and discuss more…
22	你觉得我们的工厂怎样？	What did you think of our factory？
23	你总的印象如何？	What's your overall impression？

4.7 与客户商谈价格

4.7.1 商谈价格的要点

商谈价格是买卖间很重要的一环。商品的价值往往与商品的本质关系密切。

（1）强调品质时。当强调品质以使交易达到理想的价格时，我们可以采用以下说法。

This one is very good for 10 US dollars.（这东西绝对值10美元。）

These are slightly higher in price，but their superior quality makes them more valuable than the less expensive ones.（这些货价稍微高了一点，但其优异的品质，使它们比那些便宜的货，更有价值。）

温馨提示

在谈到商品价格便宜时，买方切忌使用cheap这个词，因为在西方人看来，它意味着商品是由廉价劳工（cheap labor）制造出来的廉价商品。应尽量使用reasonable这个形容词。如The price is quite reasonable.（这价格相当合理。）

（2）最后让步时。讨价还价的结果是双方做出的让步。在最后让步时可说："The best compromise we can make is …（我们能做出的最大让步是……）""This is the lowest possible price."（这已是最低价格。）然后坚定不移，否则，如果让步太过分，企业根本无利润可言，也就没有必要接下这订单了。

4.7.2 常用口语举例

常用口语举例（三）如表4-7所示。

表4-7 常用口语举例（三）

序号	中文意思	英语口语
1	让我们开始谈生意好吗？	Let's get down to business，shall we？
2	我想告诉你我的一些想法。	I'd like to tell you what I think about that.
3	这些价格是船上交货价还是运费及保险费在内价？	Are those prices FOB or CIF？
4	这些价格是批发价还是零售价？	Are these prices wholesale or retail？
5	价钱太高了。	That's too high.
6	噢，不，这是最低价。	Oh，no，this is the lowest price.
7	我们给你低价。	Let us have your rock-bottom price.
8	价格范围是多少？	What's the price range？
9	它们以50元起价，至多到200元。	They start at one hundred and fifty yuan and go up to two hundred yuan.
10	这价格相当合理。	The price is quite reasonable.
11	这价格高得不合理。	The price is unreasonable.
12	你能不能算便宜一点？	• Can you make it a little cheaper？ • Can you come down a little？ • Can you reduce the price？

序号	中文意思	英语口语
13	考虑到产品质量，我认为价格是合理的。	Taking the quality into consideration, I think the price is reasonable.
14	有一个问题要提出来。	There's one problem to be mentioned.
15	我们报的价格相当适合贵国。	The price we quoted is quite good for your country.
16	你们的价格比去年的高15%。	Your price is 15% higher than that of last year.
17	我们无法以这种价格销售。	It's not possible for us to make any sales at this price.
18	不过鉴于产品的优良质量，我们的价格是非常合理的。	But considering the high quality, our price is very reasonable.
19	价格因数量而定。	The price depends upon quantity.
20	大批量采购有折扣吗？	Can you offer a quantity discount?
21	如果定购2000台以上，价格可降多少？	If we order 2000 units or more, how much can you bring the price down?
22	如果定货量加倍的话，价格如何？	What would happen to the price if we doubled the order?
23	订货净额如果达50万元，会有多少折扣？	What discount can you offer for orders over 500000 yuan net?
24	如果定货量较大的话，我公司可以适当让利。	If you order in large quantity I think a discount would be possible.
25	关于这个底价，我们要求以美元来支付。	As far as the base price is concerned, we want to do it in US dollars.
26	对不起，我们给的价格已经是最低了。	I'm sorry. I've already given you our lowest price.
27	我不能给这种折扣！	I can't give you a reduction like that!
28	这些货价稍微高了一些，但其优异的品质，使它们比那些较便宜的货更有价值。	These are slightly higher in price, but their superior quality makes more valuable than the less expensive ones.

第4章 外贸礼仪礼节和口语

4.8 与客户商谈包装与运输条款

在国际商贸实务中，一定要就包装与运输达成协议，国际货物买卖合同中的包装条款，主要包括包装材料、包装方式、包装费用和运输标志等内容。包装条件一般都由买卖双方协定后，在合同中做出明确具体的规定。在与客户就包装与运输沟通时可以运用表4-8所列常用口语。

表4-8　包装与运输常用口语

序号	中文意思	英语口语
1	你认为我们的新包装如何？	What do you think of our new packaging ?
2	如你方对改进包装有什么建议，我们将不胜感激。	Your recommendation on improving packing would be appreciated.
3	这批产品你们打算用什么包装？	How would you pack this lot of products ?
4	我们用的是硬纸板箱。	We use cardboard boxes.
5	我们希望在包装上能改进一下。	We hope that you can make some improvement in the packing.
6	你对包装有什么具体要求吗？	Do you have any specific request for packing ?
7	我们希望图案和花色能适合法国人的口味。	We hope that the design and the color will suit Frenchman tastes.
8	首先，我认为我们需要考虑包装设计。	First of all，I think we need to consider the design of our packaging.
9	我们要求服装的包装便于橱窗陈列。	We want the garments to be packed for window display.
10	你们能否采用木箱？	Could you use wooden cases for packing if you instead ?
11	如果你们坚持，我们可以用木箱包装。	We could use wooden cases for packing if you insist.
12	你认为这种包装怎么样？	How do you like the packing ?
13	内衬防水纸，不会受潮和被雨水侵蚀。	Each is lined with waterproof paper, so that can't be spoiled by dampness or rain.
14	包装要适合海运。	Packing should be suitable for transport by sea.

序号	中文意思	英语口语
15	纸箱是很适合海运的。	Cartons are quite seaworthy.
16	纸箱较轻，因而容易搬运。	The cartons are comparatively light，and therefore easy to handle
17	我们会在纸箱外用金属带加固。	We will use metal straps to reinforce the outside.
18	我认为集装箱运输是目前最好的方式之一。	I think containerization（集装箱运输）is one of the best loading methods at present.
19	这种装潢设计具有我们自己独特的风格。	The design of packaging has our own style.
20	它们设计得很漂亮。	They are really beautifully designed.
21	我们通常用纸箱运输。	We usually use cartons for transport.

4.9 与客户商谈交货与装运条款

交货与装运，在外贸业务中是一项重要内容。因此在与客户商谈装运条款时，一定要确定好交货期和装运方式，要能既有利于自己，又让客户满意，达到双赢的目的。交货与装运常用口语见表4-9。

表4-9 交货与装运常用口语

序号	中文意思	英语口语
1	我们先来讨论交货日期。	Let's discuss the delivery date first.
2	你方需要多长时间交货？	How long does it usually take you to make delivery？
3	你方能在3月底以前交货吗？	Will it be possible for you to deliver the goods before the end of March？
4	你方最早什么时候可以装运？	When is the earliest possible date you can deliver the goods？
5	我想知道你们能否在3月交货？	I wonder whether you can make delivery during March？
6	你方是否能够在3月交货？	Is it possible to effect delivery during March？

第4章 外贸礼仪礼节和口语

序号	中文意思	英语口语
7	你们能否想些办法提前交货？	Could you do something to advance your time of delivery？
8	那么你们能否确定一下，究竟何时能交货？	What's your last word as to the date then？
9	你知道交货时间对我们来说是很重要的。	You may know that time of delivery is a matter of great importance to us.
10	我们这批货，能不能考虑即期装运？	For this lot，could you consider prompt shipment？
11	很抱歉，我们不能答应7月前发货。	I'm sorry；we can't promise delivery earlier than July.
12	装运期间，请给这批货保险，费用由我们承担。	Please insure the goods on our account during transshipment.

第二部分　外贸业务入门期

新手学 **外贸** 从入门到精通

导言

　　大部分的工作都有一个熟能生巧的过程，我们经常练习，多做准备，相应地就会越来越熟练，岗位的适应能力也就会越来越强。外贸业务的开展也是如此。外贸新手们可以按照本部分所介绍的业务内容，一步一个脚印、踏踏实实地做好每件事。当各项业务操作过几次后，就一定能够达到熟能生巧的地步，也为将来业绩的提升打好坚实的基础。

第 5 章

寻找外贸订单

5.1 寻找海外客户

5.1.1 参加各种展览会

在现代贸易往来中，展览已被所有商界公认为"最杰出的市场"之一。在展览会中，来自各方面的同行、买主、卖主、投资者等相聚一堂彼此交流，不仅做成了生意，还调查了市场。所以，参加国际贸易展览会是寻找客户、拓销企业产品、扩大出口的重要手段。

外贸业务员可以通过"中国展会信息网"查询一些参会信息。

参加展会前，外贸业务员一定要做好准备工作。

（1）准备好个人名片、产品目录、公司介绍等资料。

（2）一定要对产品非常熟悉，并提前做好英语口语准备，最好是打好腹稿，以便在向外商介绍公司和产品时流利、有吸引力。

温馨提示

在同外商交流时要自信，不卑不亢，一个自信的、面带微笑的、熟悉业务和产品的业务员，很容易打动外商，促成交易。

5.1.2 获取企业名录

企业名录是外贸公司寻找客户的途径之一，而获取企业名录可以从很多方面入手。

（1）使用出版信息来查找当地的进口商和潜在伙伴名单。例如，要寻找美国客户，美国每年都有大量有关企业名录的手册出版发行，有关信息可向我国驻外使馆经商处（室）咨询。

（2）广泛使用互联网、名录、海关名单、商业洽谈机会、交易会小册子等一切可提供信息的媒介来获取所寻找的企业名录。

温馨提示

在中华人民共和国商务部（www.mofcom.gov.cn）网站上，你可以从国别地区库链接到不同国家的相关页面上，从而获取该国企业名录。

5.1.3　利用国家使团寻找客户

当一个出口商难以找到进口商时，我国的贸易促进机构如商务部、商会、行业协会可能会提供帮助。它们通常在网络上会有信息中心、信息资源名单、印刷的名录、光盘和数据。这些机构还会与它们的驻外商业办公室联系，那里经常会有一些进口商的名单。例如，同样是寻找美国客户，外贸企业可向美国驻华使馆商务处咨询有关美国进口商的资料。

5.1.4　通过电子商务平台寻找客户

如今，互联网与人们的生活关系日益密切，广阔的网上贸易市场存在着海量商机。通过电子商务平台寻找客户也就成了众多外贸业务员的重要途径。

将你的销售信息进行详细、正确的描述，发布上网。发布信息时，主题清晰明了，关键字详细、准确，商品描述详细。最好图文并茂，展示样品。这样可以更有效地吸引客户，获得客户的反馈。

如果你是诚信通会员，还可在网上建立产品目录，相当于在网上建了一个展示厅。你可以展示大量的产品，并配上多幅插图，自由排序，从而更直观、真实地吸引客户，获得客户青睐。

适合的供应商看到你发布的信息后，会与你联系。他们通常以询价单/报价单、发送留言或贸易通在线的方式与你洽谈。这时，你需要更好地把握商机。当找到合适的客户后，在询价、报价、寄样、谈判等环节中发挥自己的优势和贸易技巧，最终达成交易。

5.2　写开发信

外贸业务员在得到潜在客户的联系方式以后，接下来当然是主动出击，吸引客户，争取贸易机会。写给客户的第一封信很重要，外贸上称为开发信。

5.2.1 开发信的写作要求（图5-1）

开发信的语言一定要简练，不要啰里啰唆，因为很多外国商人没有多少耐心，如果你的开发信无比冗长，用词深奥，他们根本不会读下去，其结果往往是当作垃圾邮件处理了

在信中一定要表明你们是专业的公司，拥有专业的产品和专业的销售及售后人员；你写的信要简单，但不能把你的专业和基本礼仪也省略了；在信的末尾一定要附上你详细的联系方式，包括你的姓名、职位、公司名、电话、传真、E-mail地址、网址和公司地址等信息内容，给对方一个很正规的印象

恰当其实是最不容易的。买家总希望和精通产品的人打交道，如果你在写开发信时就错误百出，一看就是外行，买家会认为你不是真正的生产厂家，或者对产品并不熟悉，很可能就一去不回。所以，你写信前一定要了解客户的背景并对客户进行分析，因为如果你对这个客户一点都不了解，写出的开发信很可能就是言之无物

一定要充分利用电子邮件传递图片的优势，这样更能说明问题，同时也可以降低成本，图文并茂的效果会比单纯喋喋不休来得更直接。另外，发出邮件之前，要仔细地再检查一下，有无拼写或语法错误，尽量把可能给别人的不良印象降到最低。一封成功的开发信的要求是清晰明了

图5-1 写开发信的四大要求

温馨提示

在开发信发出后，不断地跟踪客户也很重要，即使客户现在没有购买的意向，但是因为你经常跟踪，客户会对你有很深的印象，一旦他有购买同类产品的需求会第一时间想到你，而且就算客户没有意向购买，他也会推荐给他的朋友。

5.2.2 开发信的格式

开发信通常的格式，首先是说明获得客户联系方式的途径，以免唐突，比如"有幸在中国广东国际商品交易会上得到您的名片""经同行介绍""在某某网站上

看到您的求购信息"等。接下来，简要介绍一下自己的情况，包括公司规模、成立时间（国际贸易商青睐成立时间较久的企业，觉得信用度较高）、产品（特别是主打产品的简介）、对双方合作的诚意以及联系方式等。

需要注意的是，开发信应言之有物，凸显公司与产品的优势，提高吸引力。但也不宜太过详细，长篇大论。须知开发信不是作文比赛，其目的是引起客户的注意和兴趣，引导客户回复联系。因此，有收有放，有所保留，"欲知情况如何请联系详谈"才是上策。

 实例 ▶▶▶

Dear Mr. Steven Hans:

　　We get your name and e-mail address from your website www.tradelead.com, and know that you are in the market for ball pens. We would like to introduce our company and products to you and hope that we may build business cooperation in the future.

　　We are specialized in the manufacture and export of ball pens for more than six years. We have profuse designs with series quality grade. Our prices are very competitive than those trade agents because we are the manufacturer. You are welcome to visit our website http://www.aaa.com which includes our company profiles, development history and wide range of products and some latest designs.

　　Should any of our products be of interest to you, please kindly let us know. We will be glad to give you our products details.

　　As an innovation manufacturer, we develop new designs nearly every month，If you are interested in them，it's my pleasure to offer our quotation and product list to you.

Best regards

David Wang

Sales Manager

亲爱的史蒂文·汉斯先生：

　　我们从贵公司网站获悉您的名字和电子邮件地址，并得知您正在寻找圆珠笔。很高兴向您介绍我们公司和产品，并希望双方将来可以建立起业务合作。

我们是专业生产和出口圆珠笔的厂商，已有6年多历史。我们有丰富的设计与系列质量等级。同贸易商相比，我们的（产品）价格很有竞争力，因为我们是生产厂商。欢迎您访问我公司网站，该网站有我公司简介、发展历史、各种产品及一些新的设计。

如果您对其中任何产品感兴趣，请告知，我们很高兴向您提供产品明细。

作为一个创新型制造厂商，我们几乎每个月都会有新的设计。如果您对产品有兴趣，我们很高兴为您提供报价与产品清单。

祝好

大卫·王

销售经理

请注意这封开发信的写法。作为初次联系的信件，它简洁明了，鲜明地展示了自己的特点，即工厂、款式多、价格有竞争力，并暗示建议客户绕开中间商直接与厂家合作。因为不知道客户的详情，特别强调有多种品质，这样无论对方是精品路线还是廉价路线，都有洽谈的空间。此外，并没有谈论太深，而是引导客户去访问自己的网站。最后再抛出"诱饵"，以不断提供新款设计信息为由吸引客户回复，而客户一旦回复，就极可能确认了应该联系的人。要知道，你原先获得的名称地址很可能只是个打字员的。

这样的开发信，再随附一张展现琳琅满目款式的产品照片，效果会很不错。

温馨提示

开发信要自己写，而不要抄图书或者网上那种固定的范文。古板雷同的文字只会让客户反感。况且产品种类不同，写法也不一样。工艺品、日用消费品、时尚产品等不妨轻松活泼，而如果你卖的是阀门，那么还是严谨专业些比较好。

5.2.3 开发信写作的注意事项

（1）写之前一定要弄清，产品是不是正是客户需要的，客户的规模是怎样的，要结合自己的产品优势和特点，分析客户情况，挑选出可能适合自己的客户群。

温馨提示

有针对性地发邮件，哪怕一天只发十几封，甚至是几封，效果都要好过没有针对性地发几百封。

（2）开发信不同于贸易指引，为表示诚意，不宜千篇一律，应该根据客户的规模、国籍不同略做调整，在信件中适合的地方自然地点一下客户的公司名字，暗示这封开发信是专门诚意写给贵公司的，而不是草率的广告。这些小技巧虽然不起眼，但颇能给客户以好感。

（3）写开发信时最好计算好中国与客户的时差，在客户上班或即将上班的时候发给客户，这样客户读到开发信并回复的概率就大大提高了。

（4）传真开发信，要知道客户负责人的具体名字。有具体人名的开发信，才不容易被人当垃圾传真扔掉。

（5）对发过开发信的客户信息一定要记录、整理，对读取邮件并回复的客户实行重点跟进，对没有回复开发信的客户要问清楚状况，了解清楚没有回复邮件的原因。

温馨提示

对于暂时没有下订单的客户，要保持联系。比如假日的问候，有新产品向其推荐等，一直保持友好的联系，客户只要有需要，首先就会想到你。

5.3　回复询盘

回复询盘的原则是快、准。

5.3.1　接到询盘

接到询盘分两种情况。

（1）内容空泛的询盘。外贸业务员接到询盘，如果是很空泛的内容，应查一下客户的公司，看一下其网站，是经营什么产品，然后给一个简单的回复，说明我们可以提供他们经营的产品。然后要求对方提供需要产品的详细信息，并且跟客户说大家都是经营这种产品的，那么一定知道不同的规格价格一定是不一样的，没有规格是无法报价的。外贸业务员应该让客户看本公司的网站，网站上有很多产品可供参考。同时，外贸业务员还可以根据客户网站的产品，给他一个大致的规格，让客户确认是不是需要，如果需要进一步信息再联系。

（2）内容详细的询盘。如果接到规格很详细的询盘，外贸业务员首先也需要查看对方的资料。接下来你可以制作一个Excel表格，里面涵盖客户所需产品的详细规格，比客户询盘更详细（没有报价），而且可以将其中一项参数稍稍改动（一定不要是最重要的一项），与客户所需稍有不同，并用有颜色的字体展示出来。然后，外贸业务员在邮件中询问客户，回复他：我们可以提供的产品与你的要求稍有不同，如果认为可以，我会进一步提供详细信息。通常，客户一定会回信。

5.3.2　跟踪

一般来说，属于以上第二种情况的客户都会很快回信，确认是可以的，要报价。这时候，外贸业务员就应该给客户一份详细的报价了。

5.4　报价

报价一定要中肯，要快。

5.4.1　报价的基本要求

（1）价格太高或太低都会直接被客户剔除。
（2）报价不能太慢，十天半个月后才报价，客户可能早就找到卖方了。
（3）要做到报价准确。

温馨提示

外贸业务员要做到报价准确有两个方法：一是经常打探同行的价格；二是经常与工厂技术人员接触，知道自己经手的产品每一生产环节的成本，最好有一个关系很好的技术人员，可以每天和你讨论价格。注意不要太压榨工厂，大家都有赚才好，这样才会有长期合作的工厂。

5.4.2　报价前的准备

准备工作非常重要，不仅对产品要做好准备，对客户、对整个行业同样需要做好准备。

当你收到客户的询价时，你首先要做的就是认认真真地研究对方的询价邮件，了解客户的具体兴趣所在，推测他们的真正需求，才能有的放矢、有针对性地给客户准确报价。每个客户的询价都不同，那你回复的邮件肯定也是不同的，如果你弄了个模板，每封询价都是千篇一律地回复，那么收获也会很小。

由于外贸的行情和原材料是不断在变化的，所以外贸业务员必须在了解相关市场的情况下给出合理的报价。合理，是指你要评估对方的市场、预期的订单量、客户的潜力，给出一个你觉得适合这个客户的价格。也就说当你收到询价后，要立刻准备和仔细研究思考一些问题。

实例 ▶▶▶ ···

假如你是专门出口户外用品的，今天收到一份询价，是一个美国进口商要订购30000把沙滩椅，让你报价。这个时候你的第一反应，就应该是要进一步了解以下几个方面的问题。

· 客户是不是专业做户外用品的？

· 他原先采购哪些东西？

· 以往有没有采购过沙滩椅？

· 这个客户的潜力有多大？

· 这款产品一般在美国卖多少钱？

· 平时别的客户的采购价格大致是多少？

· 我的同行可能会报出什么样的价格？

· 有哪些可能影响价格的细节问题要注意？

· 什么样的包装适合美国市场？

· 你的供应商给你的价格算好吗？

· 在国内同行里算哪种水平？

5.4.3　回复报价一定要讲究效率

（1）第一时间给客户答复，能报价就给出准确的报价，暂时不能报价也要给客户答复，告知具体的工作进展和能给出最终答复的时间。

（2）需要注意时差，根据国外客户的习惯来回复。如美国时间与我们正好相反，如果你早上回了邮件，恐怕你今天上班时间就没法收到客户的邮件了，因为他那边是晚上。等你明天早上回公司打开电脑看到客户回复后，再回邮件给他，恐怕又要耽搁一天。如果是紧急的事情，这么每天一个回合，实在太慢了。理想的情况是，你早上回复了邮件，等到你这边晚上11点甚至12点再看一下邮箱，说不定客人就有回复了，因为他正好是上午工作时间，如果你立刻给予答复，客人有可能马上就能回复，这样一件事情的处理就不需要耽搁好几天，效率就提高了。

（3）图片要非常准确，以免发生误解。客户发一张图片过来要求报价，你给出准确的报价，同时一定要加上自己的图片，而不能用客户的图片。

（4）报价单必须详细到位。有的业务员比较懒，收到询价后通常就随便报个价格，稍微好一点的就是加个外箱资料，这会浪费大家时间。稍微好一点的客户，会耐心回复，接着问他想知道的一些参数和其他资料；如果忙一点的客户恐怕就直接不回复了，哪些业务员更仔细，能给他充分的信息，他就接下去跟谁联系。

（5）第一时间报价后，如果有东西需要补充，就立刻跟进一封邮件，最好是在第二天。其实你若在提供了准确的图片和报价单以后，再跟进一封邮件，如把这款产品别的客户的包装设计稿发给客户，则效果可能会非常好。因为这个设计稿一方面可给客户参考；另一方面也是告知客户这种产品销售良好。有的人觉得放在一封邮件里发送更省事，其实，分两封发有好处：一是图片说明书之类的信息全部放在一封邮件里，格式会太大，可能客户会收不到，而且显得有些累赘；二是分两封邮件发，更能增加曝光率，客户看到你的邮件并打开的概率会更大一些。只要他点开过一封，就有可能被吸引住，很可能点开第二封。所以两封邮件的间隔时间不能太久，这就是效率了。

5.4.4 合适的报价技巧

报价要尽量虚虚实实，不要轻易让人看出你的"底牌"，不管这个人是你的同行，还是潜在客户，都遵循这个规则，才能尽量在价格上占据主动位置。以下介绍的是一些颇有经验的外贸人员总结的经验，不妨学着使用。

（1）削弱参照物法。削弱参照物法也就是让客户很难找到参照物，让价格没有可比性。

 实例 ▶▶▶

某外贸业务员小李，他销售的其中一款产品是太阳能灯，工厂报给她4元（人民币）一台，彩盒包装。小李报给客户的价格有0.8美元的，也有1.8美元的，利润从10%到200%不等。也就是说她报给每个客户的价格都不一样。她不会原封不动按照工厂的数据报出去，而是给客户方案，比如40个产品做一个展示盒，展示盒可以怎么设计，甚至把以前给某某客户做的展示盒图片发给客户，告诉他怎样改动，在超市里摆放会很漂亮。

在上面实例中，这一产品的价格可比性一下子就削弱了，变得不是那么透明，即使客户拿她的方案到处询价，同行们肯定会问客户各种各样的信息，然后再核价，比如用的展示盒是什么纸张，上面有没有覆膜，用什么样的印刷等，这些问题能把客户问倒，客户在几天之内通常是找不到参照物的，这样你就占据了主动地位。

（2）大买家鼓励法。通常同行业当中的大客户和知名客户，能让很多人心生敬仰。如果你和大客户有过合作，自然更能取信你正在谈的潜在客户。你可以在开发信中提到大客户，如果在提供给客户图片资料中有合作过的大客户的商标（等于暗示客户，我连某某客户都在做，相当专业），那说服力就更强了。

 **实例 ▶▶▶**

> 外贸员小李收到客户的询盘，里面有一张图片，是一个保温杯，要她报价。小李回复的时候就提供了工厂类似的出货比较好的产品的说明书、彩盒设计稿、pdf图片等，包括价格和外箱资料，还带有知名大买家商标的图片，最后补充一句，如果您要和图片一模一样的产品，我们很乐意研究开模生产，请提供进一步资料。

5.4.5　如何应对客户的压价

几乎每一次报价客户都会说高，外贸新手在对产品不是很熟的时候，常常被动地跟领导讲，领导就马上降价，虽然会说明理由，如"很期望跟您合作，我们很重视您并且愿意跟大公司合作……"，但这样轻易降价之后，客户依然认为我们的产品价格比别人的高，而且也因此失去了很多客户，所以，一定不要轻言降价。但必须做到以下几点。

（1）首先，每一份价格都要经过仔细核算，不要报得太离谱。

（2）每一份报价单都要做完整，有公司的抬头等，这样至少客户会认为我们很认真，尤其不要直接在邮件里给一个价格，这样客户不好保存，也不好查阅。

（3）每一份报价单都包含相关产品完整的规格。

（4）每一份报价单都要有期限，可以设定为一个月或两个月。

温馨提示

> 不轻言降价的前提是逐渐熟悉自己经手的产品，熟悉每一个生产环节的成本组成。知道了这些，就知道了价格底线在哪里，就不会盲目报出超高价格。价格一旦报出，绝不轻言降价。

5.5 给客户寄样

客户在确定下单之前，一般会先请卖方提供样品以供查看、检验。

5.5.1 了解公司的寄样规定

外贸业务员在寄样前应了解公司寄样的原则，做好寄样前的简要判断，具体如表5-1所示。

表5-1 寄样前的了解事项

序号	了解事项	具体内容
1	清楚自己公司的定位及海外拓展策略	（1）是实力有限，处于海外拓展初期，希望有力控制公司销售成本的公司，还是实力雄厚，希望加大海外拓展力度，愿意多投入的公司。是前者，可以量入为出；是后者，样品方面（样品、运费）可多做预算 （2）建议根据客户等级建立样品寄送标准 （3）从公司的角度对一定销售期间的样品数量及金额做预算
2	对潜在客户做深入的分析判断	（1）对于合作已久、知其底细的老客户，可考虑样品费、运费全免 （2）有诚意的新客户，会提出很有针对性的询价和寄样要求；可告知对方样品可免费提供，但从发展双方业务上，请对方付运费 （3）希望能一次性提供多个样品，且不愿支付任何费用的客户，经进一步详细分析（对方公司背景，样品用途等）后，酌情处理
3	样品的成本与运费	（1）从公司的角度，首先要明确样品及运费成本 （2）要让客户知道，即使样品免费，无论其货值如何，都是您公司的运营成本 （3）样品价值高、运费也贵的产品，无论新老客户，请对方谅解，本着共同发展的原则，希望对方分担运费 （4）可事先准备标准模板信，就样品寄送问题做基本阐明
4	了解客户索样的用途	客户常见的索样用途有以下几种 （1）纯粹收集样品做分析比较 （2）进行产品有关参数的测试 （3）作为最终用户的使用体验
5	正确心态	（1）即便暂时没有订单，也可以通过客户反馈，了解目标市场的最新行情、产品需改进的要素及产品线的研究开发方向 （2）有些产品如纺织品，需做成分检查；如手机，需经过相关入网测试（一般2～3个月），所以需耐心等待

5.5.2 分清寄样的各种情形

并不是所有的客户都要给其寄样。外贸业务员在实际寄样前，最好对是否需要寄样的各种情形做好分析，以防诈骗，如表5-2所示。

表5-2　寄样的各种情形

类别	具体情形
不需寄样的情况	（1）许多公司都挂着知名企业分公司的牌子，具体情形如下 ① 希望能提供样品供检测，同时要求提供公司简介、营业执照、法人名片等资料，通常有固定格式 ② 要求迅速寄样，且很快答复，并要求去该公司所在地签订合同 （2）两个没有联系过的公司密切配合进行欺骗交易，主要表现如下 ① 某A厂突然电话声称："我方为生产厂家，现在需要你方作我方的××区销售独家代理……" ② 正当困惑之时，有另外一个单位称B厂也进行电话联系，称急需××产品，而这种产品正是A厂提供的 　对于此情形，本来对A厂的怀疑也许就会被B厂的询盘所掩盖，很容易受到诈骗
可寄可不寄的情况	（1）可寄的情形。工厂规模较大，样品费不存在问题，为了扩大企业的知名度就可以寄送 （2）可不寄的情形。如果工厂没有过多富余的资金，或没有专门的这项预算，企业也本着稳妥的市场开发方针，那就不必寄
应该寄样的情况	（1）自己联系的国内外公司，在经过几次磋商（询盘、报盘、还盘等）后，为了使客户更深入地了解自己的产品，可以考虑寄样 （2）对于一些规模较大、在行业范围内较有名气的客户，要主动出击，主动拜访，主动递上资料，力争抢得市场先机 （3）如果是客户要求寄样，则应该尽量满足对方合理的要求 ① 如果对方一次性要几十种样品，工厂可能不会立刻拿出这么多产品，或是基于费用的问题也不想拿出太多，这样就需要与对方商量一下 ② 有的客户会同意寄几款有代表性的样品，有的客户仍然全部都要，但可以给你时间让你准备或是分批交样，这种情况下应尽量满足客户要求

5.5.3 寄样前的准备

外贸业务员在确定好寄样客户后，应做好相应的准备事项，如表5-3所示。

第 5 章　寻找外贸订单

表5-3 寄样准备

序号	事项	准备要点
1	样品确认	（1）确认客户需要的样品型号及规格、包装、说明书、每单数量要求、形式发票的格式等 （2）必要时可结合客户有关样品要求的邮件及光盘、照片等资料
2	取样原则	（1）样品要有代表性，是从批量生产的产品中抽样而得 （2）保证待寄样品的质量是严格符合客户要求的 （3）制作样品标签 （4）要留样品及其生产批次等相关资料，以备日后核查
3	与客户确认寄样地址	（1）由于贸易中介可能存在公司地址与样品的收货地址不一致的情况，必须确认好收货地址，以防错寄，影响商业机会 （2）与客户沟通，确定准确的寄送地址

5.5.4 寄样

（1）寄样方式。外贸业务员寄样品时一般选择快递，可以通过中国邮政（EMS）或国际快递公司。

① 联邦快递（FedEx），网址 http://www.fedex.com。

② 联合包裹（UPS），网址 http://www.ups.com。

③ 中外运敦豪（DHL），网址 http://www.dhl.com。

④ 天地快递（TNT），网址 http://www.tnt.com。

当然，如果样品重量或体积比较大，也可以选择大件空运。通常快递是门到门服务，操作简单；大件空运则较复杂，要拖运、报关，而且通常大件空运只发货到对方的临近机场。

（2）送样方法。

① 发送工厂现有产品。有些客户看到满意的产品，便直接以所寄目录上的型号、款式要求工厂送样、报价。报价一般需由经理级别以上人员核准以后，才能传真给客户，客户确认后，需填写"样品订单"，待样品制作好经质管部检验合格后，外贸业务员则以客户需求时间的紧急与否，选择快递方式或普通方式发出。

② 开发的新产品。针对部分客户，需要为其开发新的产品，这时外贸业务员则需要事先核算所需模具的费用，再报价给客户。报价时应考虑正式订单的数量，若超过一定数量时，模具费可以分摊在货款中，即客户在订单超过一定的数量后可收回已预交的模具费。然后，将每件样品的单价传真给客户，客户同意并签章确认之后，通知研发部门排"模具开发日程表"。之后需追踪新模具开发的进度，

同时要追踪研发部门制作"物料清单"，当这些工作完成后，下"样品订单"给生产部（有些企业是下给工程部）。完成的生产样品须经质管部检验合格后，才能发送给客户。

开发新款式时应将客户关于样品的要求资料传真件转送研发部门，通常由研发部门与模具制作部门共同核算所需模具费用。对于客户同意的确认单据须由客户盖章签名后生效并使用。

对新开发的产品，至少需保留一件样品，以便作为日后正货订单的依据。

5.5.5 寄样后及时确认

（1）当样品寄出之后，用邮件第一时间通知客户你的发样信息，最好将快递单扫描给客户，告知大概何时到达，请客户收到样品后确认。在估计客户收到的时间前后，发传真或电子邮件给客户，请客户确认是否收到样品，同时应将样品寄送情况登记在"样品寄送记录表"（表5-4）上。

表5-4　样品寄送记录表

序号	日期	客户	寄送样品名	数量	寄送单号	预计到货时间	客户确认到货时间	备注

（2）及时了解客户对样品的评估情况，从客户那里得到对产品的具体评价，无论客户对产品满意与否。

温馨提示

不管样品在短期内是否能带来订单，都要与客户建立起一种稳定的联系，并适时地推进新产品，发出新的报价单。

5.5.6 样品费和快递费的处理

（1）对于新客户，若样品货值比较低，可以免收样品费，快递费到付；若样品货值比较高，要收样品费，快递费也到付。如果觉得客户诚意不是很大，在样品货值低的情况下也可以适当收一些样品费。

（2）对于资信较好的老客户，样品费和快递费都可以预付。

（3）如果客户已经下了订单，再要求寄产前样或大货样，在这种情况下快递费一般由出口商承担。

温馨提示

运费到付的话，要以客户的书面确认（E-mail或传真）为准，否则会有客户拒付的风险。

5.6 接待客户验厂

客户如果说要验厂，一般说明他对你的产品已经很感兴趣了，很希望和你们公司合作。客户验厂后下单的概率是很大的，所以要认真对待。

5.6.1 做好准备工作

（1）如果客户要来公司，要事先了解清楚客户的采购行程，要确定客户大概在什么时候到达。

（2）通知事先约好的厂家派车来接。

（3）整理好与客户间之前的邮件往来函电内容、聊天记录、电话交谈主要内容，特别是一些表格、单据、文件等，最好先打印出来。

（4）准备好椅子、杯子、名片、相机、录音用的设备、公司及服务宣传资料、网站及服务宣传资料。

（5）了解客户手机或房间分机号码；客户所在国家、地区的饮食习惯、生意习惯和宗教习俗。

5.6.2 做好接待工作

客户来了后要互换名片，安排座位，提供公司、网站及服务推广资料，拿出一些相关业务联系资料来面洽，向客户介绍工厂及产品情况，带客户参观公司主要部门并作简要介绍，合影留念，通知客户厂车大概到达时间，催促厂车及时到达。

温馨提示

如果客户在宾馆下榻，那就要预计从公司到酒店所需时间，同时通知工厂派车去宾馆迎接。

5.6.3　看厂

（1）看厂前的准备

① 在看厂之前，要准备好包、名片、纸巾、口香糖、木糖醇、MP3、手机、数码相机、纸、笔、零钱等。

② 记好厂方相关负责人（外贸人员、工程技术人员、司机等）的联系电话、手机号码、公司名称、工厂地址等资料并打印出来。

（2）陪同客户看厂。陪同客户验厂时，要注意让其了解以下内容。

① 工厂是否有这种产品的生产线、生产经验和生产能力。

② 工厂产品样品检测过程的观摩；产品获得的认证。

③ 产品的性价比。

④ 需要工程技术人员在一旁对样品进行现场检测，打印出产品检测的技术参数，并加以解释，因此所用的检测设备、产品的性能及技术参数是客户关注的一个重点。

⑤ 样品的外表美观程度和内部构造及部件的质量。

⑥ 工厂的模具开发能力。

⑦ 交货的及时性。

⑧ 工厂的规模。

⑨ 工厂的生产经验及历史。

⑩ 产品的OEM（定牌生产合作）加工。

⑪ 货柜的装货数量。

⑫ 单个包装、内外包装方式。

（3）陪同客户验厂的注意事项。

① 与外商合影。

a.最好选择有代表性的场所，如在国际贸易部办公室里，客户正坐在办公室里与商务中心人员洽谈时合影；与客户在一楼前台处合影；与客户在其下榻的酒店宾馆合影；与客户在厂家的门口、样品房、模具房、洽谈室、生产线、工程部、质检室等现场合影。

b.如果客户要在工厂里面拍照，要尽量避免拍摄工厂样品架上的样品。

② 到用餐时，应提醒客户就餐；另外用餐时要尊重客户的宗教信仰和饮食习惯，如有的客户不喜欢喝中国茶，不喜欢吃中国菜，有些客户禁忌吃猪油做的菜。

③ 在个别词句没听懂时，要请求客户重复或放慢语速，或者用笔写出来，或

者用手势示意客户等。

④ 在与外商告别时，要对其行程表达谢意，并表示愿意继续提供相关帮助和服务（如预订房间和机票、兑换外汇、叫出租车等），并建立长期合作关系，并希望其下次来访中国，另外可顺便探问其下面的行程，并估计其到达目的地的时间，适时加以联系，并加以问候，同时将合影发到其邮箱中。

（4）验厂后的事务。陪同客户验厂后一般做好以下工作。

① 整理整个行程的经历、思绪和感想，再加上一些合影，及时写出一篇资讯报道，并发布到公司网站上，加以推广。

② 整理一些费用单据找直属领导、部门经理、部门总经理办理报销事宜，并等待出纳通知拿报销款。

③ 做好客户的跟进与沟通。

一般来说，通过初次的见面和采购行程，客户都会比较信任我们及我们的服务，因此下一步就是如何跟紧客户的询盘、订单意向或订单了。

第 6 章

签订外贸合同

当外贸企业与客户就交易的主要条款达成一致意见后，即进入合同签约阶段，自然，由谁起草合同文本的问题就出来了。一般来讲，文本由谁起草，谁就掌握主动。因为口头上商议的事宜要形成文字，还有一个过程，有时，仅仅是一字之差，意思则有很大区别。起草一方的主动性在于可以根据双方协商的内容，认真考虑写入合同中的每一条款。而对方则毫无思想准备，有些时候，即使认真审议了合同中的各项条款，但由于文化上的差异，对词意的理解也会不同，难以发现于己不利之处。所以，如果是对方起草合同的话，外贸业务员则要多加审核。

6.1 起草合同

在我国的国际贸易业务中，各外贸企业都印有固定格式的进出口合同或成交确认书，即所谓的格式合同（Model Contract Forms），它适用于某一类产品（如化工产品、机械设备等）的买卖。格式合同只具有建议性质，当事人可依据双方协议修改或变更其内容。当面成交的，双方共同签署；通过函电往来成交的，由我方签署后，一般将正本一式两份送交国外买方签署，退回一份，以备存查，并用作履行合同的依据。以下通过一份售货合同样本来阐述如何来填写合同。

<table>
<tr><td colspan="5" align="center">售货合同（1）
Sales Contract</td></tr>
<tr><td></td><td></td><td></td><td></td><td>编号：
No.：</td></tr>
<tr><td>卖方：</td><td>签约日期：</td><td colspan="2">签约地点：</td><td></td></tr>
<tr><td colspan="4">Sellers: LiaoNing arts and crafts import and export corp.</td><td>Date：</td></tr>
<tr><td></td><td></td><td></td><td></td><td>Sign at：</td></tr>
<tr><td>地址：
Address：</td><td></td><td></td><td>传真：
Fax：</td><td></td></tr>
</table>

买方： Buyers：				
地址： Address：			传真： Fax：	

兹经买卖双方同意，成交下列商品，订立条款如下：

The undersigned buyers and sellers have agreed to close the following transactions according to the terms and conditions stipulated below:

品名及规格 Name of Commodity & Specifications	单价 Unit Price	数量 Quantity	金额及术语 Amount & Price Terms

数量及总值均允许增加或减少____％，由卖方决定。

With percent more or less both in the amount and quantity of the S/C allowed.

总金额：

Total Value：

包装：

Packing：

装运期：

Time of Shipment：

装运港和目的港：

Ports of Loading & Destination：From any Chinese Port to

是否允许分批装运，是否允许分批转船：

With Partial shipments and transshipment allowed.

保险：由卖方按中国人民保险公司条款照发票总值110％投保一切险及战争险。如买方欲增加其他险别，须于装船前征得卖方同意，所增加的保险费由买方负担。

Insurance：To be covered by the Sellers for 110% of Invoice value against All Risks and War Risk as per the relevant clauses of The Peoples Insurance Company of China. If other coverage is required，the Buyers must have the consent of the Sellers before shipment and the additional premium is to be borne by the Buyers.

付款方式：买方应由卖方所接受的银行，于装运月份前30天，开具以卖方为受益人的不可撤销即期信用证。至装运月份后第15天在中国议付有效。

Payment：The buyers shall open with a bank acceptable to the Sellers an irrevocable，confirmed，without recourse，transferable divisible Sight Letter of Credit to reach the Sellers 30 days before the month of shipment，valid for negotiation in China until 15th days after the month of shipment.

唛头：买方应在合同装运期前30日内，将唛头的详细说明以明确的形式通知卖方，否则由卖方自行决定。

Shipping Marks: The detail instructions about the shipping marks shall be sent in a define form and reach the sellers 30 days before the time of shipment aforesaid. Otherwise, it will be at the seller's option.

买方开证时，请注明本合同号码。

When opening L/C please mention our S/C Number.

一般条款：（请参看本合同背面）

General Terms and Conditions：（Please see overleaf）

买方签字　　卖方签字：

The Signature of Buyers The Signature of Sellers

（合同背面）
（Please see over leaf）

一般条款

General Terms and Conditions

1.付款条件：

买方所开信用证不得增加和变更任何未经卖方事先同意的条款。若信用证与合同条款不符，买方有责任修改，并保证此修改的信用证在合同规定的装运月份前至少15天送达卖方。即期付款交单：买方须凭卖方开具的即期跟单汇票，于见票时立即付款，付款后交单。否则卖方有权向买方追索逾期利息。

Terms of Payment:

In the Buyer's Letter of Credit, no terms and conditions should be added or altered without prior to the Sellers consent. The Buyers must amend the letter of credit, if it is inconsistent with the stipulation of this contract, and the amendment must reach the Sellers at least 15 days before the month of shipment stipulated in this contract.

2.商品检验：

买卖双方同意以装运口岸中国进出口商品检验局提供的检验证据，作为品质和数量的交货依据。

Commodity Inspection:

It is mutually agreed that the Certificate of Quality and Quantity issued by the Chinese Import and Export Commodity Inspection Bureau at the port of shipment shall be took as the basis of delivery.

3.装船通知：

卖方在货物装船后，立即将合同号、品名、数量、毛重、净重、发票金额、提单号、船名及装船日期以传真形式通知买方。

Shipping Advice:

The Sellers shall, immediately upon the completion of the loading of he goods, advise by fax the Buyers of the contract number, commodity, quantity, gross and net weight, invoiced value, bill of lading number, name of vessel and sailing date etc.

4.索赔：

有关质量的索赔，应于货到目的地后3个月内提出，有关数量的索赔，应于货到目的地后30天内提出。提出索赔时，买方须提供卖方认可的公证机构出具的检验报告，但属于保险公司或轮船公司责任范围内者，卖方不负任何责任。

Claims：

Claims concerning quality shall be made within 3 months and claims concerning quantity shall be made within 30 days after the arrival of the goods at destination Claims shall be supported by a report issued by a reputable surveyor approved by the Sellers，claims in respect of matters within the responsibility of the insurance company or of the shipping company will not be considered or entertained by the Sellers.

5.不可抗力：

因不可抗力事故所致，不能如期交货或不能交货时，卖方不负任何责任。但卖方必须向买方提供由中国国际贸易促进委员会或其他有关机构所出具的证明。

Force Majeure：

The Sellers shall not be responsible for late delivery or non-delivery of the goods due to the Force Majeure. However，in such case，the Sellers shall Submit to the Buyers a certificate issued by the China Council for the Promotion of International Trade of other related organization as evidence.

6.仲裁：

因执行本合同所发生的或与本合同有关的一切争议，双方应友好协商解决，若协商不能获得解决，则应提交中国国际贸易促进委员会对外贸易仲裁委员会（北京），根据该仲裁委员会的程序进行仲裁，仲裁裁决是终局的，对双方均有约束力。

Arbitration：

All disputes arising from the execution of or in connection with this contract shall be settled through amicably negotiation if no settlement can be reached through negotiation，the case shall then be submitted to the Foreign Trade Arbitration Commission of China Council for the Promotion of the International Trade，Beijing，for arbitration in accordance with its provisional rules of procedure. The arbitratal award is final and binding upon both parties.

7.其他：

对本合同的任何变更和增加，仅在以书面经双方签字后，方为有效，任何一方在未取得对方书面同意前，无权将本合同规定的权利及义务转让给第三者。

Other Conditions：

Any alterations and additions to the contract shall be valid only if they are made out in writing and signed by both parties. Neither party is entitled to transfer its right and obligation under this contract to a third party before obtaining a written consent from the other party.

8.本合同附件为本合同不可分割的一部分，在合同中，中英文两种文字具有同等法律效力。

All annexes to this contract shall form an integral parts of this contract. Both texts of this contract in English and Chinese are equally valid.

9.其他条款

Other Terms：

本合同自双方签字之日起生效。

This contract shall be valid from the date when it is signed by both parties.

售货合同的填写，具体说明如下。

（1）售货合同（Sales Contract）。文本首位应醒目注明 Sales Contract 或 Sales Confirmation（对销售合同确认书而言）等字样。一般来说，出口合同的格式都是由我方（出口公司）事先印制好的，因此有时在 Sales Contract 之前加上出口公司名称或是公司的标志等（我方外贸公司进口时也习惯由我方印制进口合同）。

（2）编号（No.）。此栏填合同的编号。一般来说，每个公司都有自己的系列编号，以便存储归档管理之用，如 04 S1 32/005。

（3）签约日期（Date）。写上实际的签约时间。

（4）签约地点（Sign at）。在何处签约关系到如果发生争议，本合同适用哪一国法律的问题，因此需准确填写。

（5）卖方（Sellers）。

① 此栏填写卖方的全称。注意有时此栏内容已经由公司印制好，但如果公司名称已更改，则需要更改为新名称并加盖校对章，或重新印制合同。

② 地址（Address），此处为卖方公司详细地址，如已更改，注意使用新的地址。

③ 传真（Fax），此处为卖方公司的传真号，以便联系。

（6）买方（Buyers）。填写买方名称、地址（Address）、传真（Fax）。

（7）此处多为买卖双方订立合同的意愿和执行合同的保证。如兹经买卖双方同意，成交下列商品，订立条款如下。（The undersigned buyers and sellers have agreed to close the following transactions according to the terms and conditions stipulated below.）

（8）品名及规格（Name of Commodity & Specifications）。此栏应详细写明各项商品的名称及规格。如果是据来往函电成交后签订的 Sales Confirmation，可只写商品名称，而后注 "Specifications as Per Qutations"。

（9）单价（Unit Price）。一般单价由四部分构成，如 $50OFOB 大连 PER M/T，缺一不可。注意此栏应与品名、规格的每一项商品相对应。

（10）数量（Quantity）。此栏为计价的数量，一般为净重。也可以将有包装的毛重、净重分别填明。

（11）金额及术语（Amount & Price Terms）。此项为每一项商品的累计金额及价格术语。如果一份合同有两种商品（化工原料001、陶瓷制品002），则001的总额、002的总额分别与前面一一对应列明，即

化工原料001…………001的总额

陶瓷制品002…………002的总额

（12）溢/短装条款。大宗散装货物多列明此条款。溢/短装货物的单价仍以合同价计量，如下所示。

① 数量及总值均允许增加或减少____%，由卖方决定（即 With percent more or less both in the amount and quantity of the S/C allowed，decided by the seller.）此例为数量与合同（或信用证）总金额均可增减____%。

② 如果此项只列 with percent more or less in the quantity of the S/C allowed. 则只允许数量增减，无金额增减，实为有名无实的虚条款。在订立合同和审核信用证时，需慎重考虑此情形。

（13）总金额（Total Value）。列明币种及各项商品累计金额之和，它是发票及信用证金额的依据。

（14）包装（Packing）。此栏填写包装的种类、材料，包装及其费用由谁负担，如无特别声明则由卖方负担。例：In Cartons of 20 Dozen Batch，如无包装可填写 Naked 或 In Bulk。

（15）装运期（Time of Shipment）。装运期可有多种规定方法，可以规定具体时段，如4月或3月底前；另外也可以用L/C或S/C等为参照物规定相应时间，如信用证开出后或到达卖方后30天。注意：如按后者的规定方式，则需相应规定信用证开出或到达的具体日期，而且注意L/C的有效期与装运期的关系，防止"双到期"的发生，不能安全收汇。

（16）装运港和目的港（Ports of Loading & Destination）。此处列明装运港和目的港（From...to...）。

对于FOB合同，装运港为合同要件，所以要特别列明装运港，如From Yantian，China to New York. 对于CIF合同，目的港为合同要件，所以要特别列明目的港，例如From any Chinese port to Osaka，Japan. 即使在非为合同要件的情况下，对于 one of main ports of European，Chinese ports 之类的语句，在卖方开立信用证之时一般都要最后订明。如需转船，则列明中转地，如From Qingdao，China to New York，USA Via Hong Kong.

（17）是否允许分批装运及转船（With partial shipments and transshipment allowed）。此栏填是否可以分批装运及转船（Y，N）。《跟单信用证》No.600规定如未列明是否允许分批装运或转船，则视为允许分批装运或转船。如有特别要

求可在 Remarks 栏补充注明，也可在此栏或"品名及规格"一栏空白处注明，如 Shipment During March/June in Four Equal Monthly Lots.

（18）保险（Insurance）。如使用FOB价格术语成交，则选择To be Effected by The Buyers. 如为CIF合同，一般规定如下。

① 如无特殊要求，由卖方按中国人民保险公司条款按照发票总值110%投保最低险别FPA。另外，根据国际商会规定，一般需按行业惯例替买方把险保足。

② 如买方欲增加其他险别，须于装船前征得卖方同意，所增加的保险费由买方负担。

③ 如为长期客户，则买卖双方协商按行业惯例加保险别，并确定保险费由哪一方负担，如下所示。

To be covered by the Sellers for 100% of Invoice Value against All Risks and War Risks as per the relevant clauses of the People's Insurance Company of China. If other coverage is required, the Buyers must have the consent of the Sellers before shipment and the additional premium is to be borne by the Buyers.（卖方按中国人民保险公司的有关条款，按发票金额的100%投保一切险和战争险。如需投保其他险别，买方必须在装运前征得卖方同意，且额外保险费由买方负担。）

（19）付款方式（Payment）。本栏注明付款条件，如下所示。

The Buyers shall open with a bank acceptable to the Sellers an irrevocable sight Letter of Credit to reach the Seller 30 days before the month of shipment, valid for negotiation in China until 15th days after the month of shipment.（买方应在卖方认可的银行开立不可撤销的即期信用证，且必须在装运当月前30天送达卖方。在中国的议付有效期为装运当月后的15天。）

在装运单据签发日21天内议付方有效。买方应于装运月份前30天，向卖方可接受的银行申请开具以卖方为受益人的不可撤销的即期信用证。至装运月份后第15天在中国议付有效。在当今的国际贸易中一般用信用证付款方式，此时需注意信用证的效期与装运期的关系，以保证安全收汇。

装运期应与信用证到期日（效期）有一段合理时间，不能太短，甚至"双到期"，致使装运单据取得后没有足够时间进行议付；不能太长，占压买方资金，会在货价上表现出来。

（20）唛头（Shipping Marks）。此空填写唛头，如为裸装货或中性包装，则填写"N/M"。一般用卖方的唛头，个别情况由卖方结合买方的要求设计，或由买方自定，如 The detailed instructions about the shipping marks shall be sent in a definite form and reach the Sellers 30 days before the time of shipment aforesaid. Other wise it will be at the Sellers' option.（买方在合同装运期前30日内将唛头的详细说明的明确形式通知买方，否则由卖方自行解决。）

（21）要求在开立信用证时在信用证上要提到合同号码。

（22）一般条款（General Terms and Conditions）。主要就付款条款、商品检验、索赔、不可抗力、仲裁、其他事项等做出规定，此类条款通常印在合同背面。如果对方有异议之处可提出修改，如买方特别指定商品检验机构时，双方可协商变更。

在一般条款中还可以加上一个其他条款（Other Terms/Remarks）。有特殊规定可在此说明。因为多使用格式合同，难免有需改动和补充之处。

（23）买方和卖方分别签字盖章（The signatures of Buyers/Sellers）。由公司法人签字、盖章。

6.2 审核合同尽量避免差错

对于己方（出口方）制定的书面合同，在寄送给买方之前外贸业务员要做好审核工作，以避免因合同的漏洞与差错而导致经济损失，具体如表6-1所示。

表6-1 合同的审核要点

序号	事项	审核要点
1	约首部分	（1）合同的编号必须要仔细审核，以避免出现错误 （2）买方的各种信息要仔细进行审核，以防诈骗
2	质量条款	对于合同约定的表示方式，一定要明确其要求 （1）在实物说明的情况下，卖方应在合同中力争加注"品质与货样大致相同"的字样，以此减轻自己的责任 （2）对于依据说明书表示的，一般应注意是否订有品质保证条款和技术服务条款，以确定售后服务的范围以及问题出现时的解决方法
3	数量条款	（1）要注意考虑商品的计量单位和计量方法 （2）以质量作单位时须弄清是以净重还是毛重计算 （3）要规定一个机动幅度，并在合同中约定好
4	包装条款	必须在合同中加以明确和慎重的规定，不能出现模糊用语
5	价格条款	仔细审核贸易术语的使用，确保合同的其他条款不能与之抵触
6	装运条款	不同的贸易术语会有不同的装运时间、方式等，审核时要仔细检查，确保前后一致

序号	事项	审核要点
7	保险条款	检查是否按约定的要求投保和选择保险险别
8	支付条款	审核是否按规定选好了支付方式，尤其对于信用证，必须明确是不可撤销的，并须明确开到地点和时间及受益人名称等
9	违约条款与不可抗力条款	要注意是依据协商而订立的，不能只是免去某一方的责任

在进行具体审核时，外贸业务员可以设计一个表格做好记录，以便己方更好地履行合同，如表6-2所示。

表6-2 合同审核单

合同编号：		签订日期：		信用证开到地点：	
买方地址：		电话：		传真：	
成交方式：		价格术语：			
品名及规格	单价		数量		金额
质量：			溢短比例：		
包装要求：					
唛头：					
质量要求：					
保险	保险金额：				
	保险险别：				
装运	装运期： 装运港： 目的港： 装运方式：□不可分批装运 □可否分批装运，若可，可以分____批，时间规定：				
商品检验	检验时间： 地点： 机构： 是否要复验 复验时间： 地点： 机构： 检验内容： 检验项目： 检验证书要求：				
本合同有疑义的地方：					

6.3 寄出成交签约函

外贸业务员要及时给国外客户寄出成交签约函，感谢对方的订单，说明随寄售货合同或售货确认书，催促其迅速回签并及时开出信用证。

Dear sirs:
亲爱的先生：

Thanks you very much for your trust and sincerity showed in your email dated April 23th,2019. We really appreciated your efforts to pave the way of our business. So we are glad to place the initial order No. Q079148 with you as follows:

非常感谢您在2019年4月23日的邮件中所表达的信任和诚意，非常感激您为促成交易所作的努力。我们很高兴下发首批订单Q079148给您，详细内容如下。

Attn: MS. WENDY LI　　　PO Date: 28 April 2019
致：温迪·李　　　订单日期：28 April 2019
Fax: (86)755 2601 8108　　Email: wendy@contract.com　　Purchase order: Q079148
传真：(86)755 2601 8108　邮箱：wendy@contract.com　采购订单号：Q079148

Delivery Address:
收货地址：
Shanxi Depot Logistics Centre
Shanxi Depot Police School Road, Wong Chuk Hang Hong Kong Tel：××××　××××
山西仓库物流中心
香港黄竹坑警察学校路山西仓库，电话：××××　××××

Description:
产品描述：
Spares for EMU
动车配品备件

Item 项号	Description 产品描述	Order Quantity 数量(套)	Unit Price 单价	Amount 合计
1	Indicator, Status. Bodyside. 车侧灯 Country of Origin: China .产地：中国 . Supplier Part No.: ZJZK03-05O-DC110 供货商货号： ZJZK03-05O-DC110 Our Stock Code: 74270005200C 我司库存代码： :74270005200C Delivery Date (Delivered Shanxi): 11-DEC-2020 交货日期(山西交货)：2019年12月11日	100	USD 59.00	USD 5900.00

Item 项号	Description 产品描述	Order Quantity 数量（套）	Unit Price 单价	Amount 合计

续表

Item 项号	Description 产品描述	Order Quantity 数量（套）	Unit Price 单价	Amount 合计
Remarks 备注: Please Refer to the Enclosed "Standard Terms & Conditions for the Supply of Spare Parts" For Details. 请参考附件"备品备件供货商标准条款"内容 Please Refer to "Shipping, Inspection and Packing Instructions" in Our Website With the Link Below. 请参考我司网站有关"装运、检验、包装"规定内容		Total: USD 5900.00 合计：美元伍千九百元 Trade Terms: EXW 贸易条款：工厂交货 Payment Terms: Advanced Payment 付款条款：预付		
For queries, please contact Wendy Li at wendy@contract.com.hk orTel : (852) 2989 5200. 任何疑问，请联系温迪·李，邮箱wendy@contract.com.hk 或电话(852) 2989 5200.				

We are looking forward to your confirmation for the above mentioned purchase order.
我们期待你对上述订单的确认。

Yours sincerely, 商祺

Wendy Li 温迪·李

Overseas Manager 海外经理

××××× Co., Ltd. ×××××有限公司

6.4 审核其回签合同

对客户签回的书面合同，外贸业务员应及时认真地审核，检查客户是否对合同做了我方不能接受的修改，如果有，应立即通知客户不能接受其对合同的修改，或者依据存档的副本向客户提出异议。

以上是讲到己方起草合同的情况，如果合同是由客户制好并签字寄来后，外贸业务员应做如下审核工作。

（1）从头部到尾部仔细检查各项条款是否合理，确保合同内容与洽谈过程中达成的条件、协议相一致，至少没有己方不能接受的条款。

（2）若有不能接受的条款，则不需要签字，可直接寄给客户，请客户修改。

（3）在签署退回时，要防止重复签署，造成一个合同两笔交易。

（4）对于合同中因对方大意而发生的书写、拼写错误，可直接修改后签字。签字后己方留一份，给客户寄回一份。

第 7 章

信用证的催开与处理

外贸合同获得最终确认的标志是收到定金（T/T方式结算）或信用证，只有卖方收到开立的信用证，整个外贸交易才算做好了前期准备工作。

信用证（Letter of Credit，L/C）又称信用状，是银行（开证行）根据申请人（一般是进口商）的要求，向受益人（一般是出口商）开立的一种有条件的书面付款保证。即开证行保证在收到受益人交付全部符合信用证规定的单据的条件下，向受益人或其指定人履行付款的责任。

7.1 催开信用证

如果买卖双方约定采用信用证方式，买方应严格按照合同规定按时开立信用证，这是卖方履约的前提。但在实际业务中，有时买方在市场发生变化或资金发生短缺的情况下，往往会拖延开证。因而，外贸业务员有必要催促对方迅速办理开证手续。特别是大宗商品交易或应买方要求而特制的商品交易，更应结合备货情况及时进行催证。

7.1.1 催开信用证的情形

外贸业务员在遇到以下情况时，应注意向买方发出函电提醒或催促对方开立信用证。

（1）在合同规定的期限内，买方未及时开证这一事实已构成违约。如卖方不希望中断交易，可在保留索赔权的前提下，催促对方开证。

（2）签约日期和履约日期相隔较远，应在合同规定开证日之前去信表示对该笔交易的重视，并提醒对方及时开证。

（3）卖方货已备妥，并打算提前装运，可去信征求对方是否同意提前开证。

（4）买方资信欠佳，提前去信提示，有利于督促对方履行合同义务。

7.1.2 催开信用证的写法

（1）常用语句。在写催开信用证时可使用以下常用语句。

① As the goods against your order No.111 have been ready for shipment for quite some time，it is imperative that you take immediate action to have the covering credit established as soon as possible.（由于贵方订单第111号的货已备待运有相当长时间了，贵方必须立即行动尽快开出信用证。）

② We repeatedly requested you by faxes to expedite the opening of the relative letter of credit so that we might effect shipment for the above mentioned order，but after the lapse of 3 months，we have not yet received the covering L/C.（我们已经多次传真要求贵方从速开来有关信用证，以使我们装运上述订单的货。但是3个月过去了，仍未收到有关信用证。）

③ We hope that you will take commercial reputation into account in all seriousness and open L/C at once，otherwise you will be responsible for all the losses arising from.（希望贵方认真考虑商业信誉，立即开证，否则，由此产生的一切损失均由贵方负责。）

④ The shipment time for your order is approaching，but we have not yet received the covering L/C.Please do your utmost to expedite the same to reach here before the end of this month so that shipment may be effected without delay.（贵方订单的装船期已经临近，但我们尚未收入到有关信用证，请尽最大努力从速将信用证在本月底开到，以便及时装运。）

（2）写信用证的催开函。以下是两个可供参考的催开信用证的信函。

实例1 ▶▶▶ ....

Dear Mr. Smith,

We are so glad that we made a conclusion with you and signed the contract No.NEO2021/026. Please note that the delivery date is approaching and to open the relative L/C immediately is necessary.

To avoid the subsequent amendment, please make sure that the stipulations in the L/C must be strictly conformed with those of the contract.

Yours faithfully,
....

亲爱的史密斯先生：

我们非常高兴和贵公司的合作终于有了结果，我们签订的合同号是"NEO2021/026"。请注意装运期越来越近，您有必要尽快开立信用证了。为了避免将来改证，请确保信用证中的条款和合同中的条款一致。

实例2 ▶▶▶

Dear Sirs:

Your Order No. AB 153

With regard to your order No. AB 153 for 3, 000 metric tons of cotton, we regret up to this date we have received neither the required credit nor any further information from you.

Please note that, as agreed, the terms of payment for the above order are sight Letter of Credit established within 2 weeks upon the arrival of our Sales Confirmation.

We hereby request you to open by cable an irrevocable sight Letter of Credit for the amount of…in our favor, with which we can execute the above order according to the original schedule.

Yours truly,

敬启者:

合同第AB153号

有关贵方3000吨棉花的订单AB153号，我们感到遗憾至今尚未收到信用证，也未听到贵方任何消息。

请注意，上述订单的货款经双方同意是以即期信用证方式支付，而信用证必须在收到我们销货确认后2星期内开出。

我方在此恳请贵方以电报开立金额为……以我方为受益人的不可撤销即期信用证，使我方得以按原定计划执行上述订单。

7.2 受理信用证通知

7.2.1 受理情形

（1）拥有出口经营权的受理。如果本公司可以直接出口，国外的信用证开到自己的名下，那么本公司的开户银行收到信用证后会直接通知，并把正本或复印件（一般是复印件，如无必要，正本建议留在银行保存）交给本公司。

（2）代理出口的处理。如果是通过代理出口，信用证开到代理名下，那么外贸业务员就要及时敦促代理去查询，收到后让代理传真。

在实务中，因为代理不熟悉你的客户，所以交接上容易出现问题。代理接到信用证却不知道是谁的，导致耽误，所以，一旦得知你的客户开证了，外贸业务员就要把名称、金额告诉出口代理，盯紧进度。一般来说，从客户开证，到自己收到信用证，快则1周，慢则10天。

7.2.2 受理信用证通知书

跟随信用证一起交给你的，通常还有一页"信用证通知书"，这是你的银行出具的，主要列明了此份信用证的基本情况如信用证编号、开证行、金额、有效期等，同时盖章。

【范本】▶▶

信用证通知书

Advice of Letter of Credit

交通银行

Bank of Communications

Address：No.2066 ShenNan Road
Centarl，Shenzhen，China
TEL：+86-755-83680000
FAX：+86-755-83680267
Swift：Commcnshszn

致（TO）: Shenzhen Jinwoniu Trading CO.，LTD.	开证日期（Date of Issue）: 07 May，2021
	我行编号（Our REF No.）: LAZC018200400472
	通知日期（Date）: 10 May，2021
	信用证号码（L/C No）: 4BTU0021
	信用证金额（Amount）: USD 15000.00
开证行（Issuing Bank）: ABN Amro Bank N. V. Taibei，China	有效期（Expiry Date）: 17 June，2021
	最迟装运期（Latest Shipment Date）: 7 June，2021
	未付费用（Charge）: RMB 0.00
	费用承担人（Charge by）: Beneficiary
	是否生效（Available）: Valid

转递行（Iransmitting Bank）：ABN Amro Bank. 24/F Shenzhen□□ Dievielopment Centre，SH	印押是否相符（Test/Sign）：Yes
	我行是否保兑（Confirm）：No

Dear Sirs（敬启者）

We have pleasure in advising you，that we have received from the A/M bank a letter of credit，contents of which are as per attached sheet（s）. This advice and the attached sheet（s）must accompany the relative documents when presented for negotiation.

兹通知贵司，我行收到上述银行信用证一份，现随付通知，贵司交单时，请将本通知书及信用证一并提示。

Remark（备注）

Please note that this advice does not constitute our confirmation of the above L/C nor does it convey any engagement or obligation on out part.

本通知书不构成我行对此信用证的保税及其他任何责任。

If you find terms and conditions which you are unable to comply with in this L/C，please directly contact applicant in order to make timely amendment and avoid any difficulties which may arise when documents are presented.

如贵司发现该证中有任何条款难以接受，请径与开证申请人联系以便及时修改，避免单据提示时可能发生的问题。

This L/C is advised subject to icc ucp publication No.600.

本信用证的通知遵循国际商会跟单信用证统一惯例第600号出版物办理。

Yours Faithfully

你忠诚的

for Bank of Communications

交通银行

7.2.3　审核信用证通知书

对于银行开具的信用证通知书，外贸业务员应对其内容一一进行仔细审核，具体如表7-1所示。

表7-1　信用证通知书的审核要点

序号	内容	审核要点
1	上方空白栏	（1）先看信用证的通知行中英文名称、英文地址与传真号 （2）出口方一般选择自己的账户行为通知行，以便于业务联络及解决将来可能发生的贸易融资问题

序号	内容	审核要点
2	日期	即通知日期。收到国外开来的信用证后，应仔细审核通知行的签章、业务编号及通知日期
3	致	受益人名称及地址即信用证上指定的有权使用信用证的人，一般为出口方
4	开证行	一般为进口方所在地银行
5	转递行	转递行负责将开证行开给出口方的信用证原件，递交给出口方。信开信用证才有转递行，电开信用证则无转递行
6	信用证号	（1）信用证的证号必须清楚，没有变字等错误 （2）如果信用证的证号多次出现，应保持前后一致，否则应电洽修改
7	开证日期	信用证上必须注明开证日期，如果没有，则视开证行的发电日期（电开信用证）或抬头日期（信开信用证）为开证日期
8	信用证的币别和金额	（1）信用证中规定的币别、金额应该与合同中签订的保持一致 （2）币别应是国际间可自由兑换的币种，货币符号为国际间普遍使用的世界各国货币标准代码 （3）金额采用国际间通用的写法，若有大小写两种金额，应注意大小写金额保持一致
9	信用证的有效地点	（1）有效地点是受益人在有效期以内向银行提交单据的地点 （2）国外来证一般规定有效地点在我国境内，但如果规定有效地点在国外，则应提前交单以便银行有足够的时间将单据寄到有效地的银行
10	信用证的有效期限	（1）信用证的有效期限是受益人向银行提交单据的最后期限，受益人应在有效期限日期之前或当天将单据提交指定地点的指定银行 （2）如果信用证没有规定该期限，则按照国际惯例，银行将拒绝受理于装运日期后21天提交的单据
11	信用证付款期限	分为即期付款和远期付款两种
12	未付费用	即受益人尚未支付给通知行的费用，审核是否填制清楚
13	费用承担人	信用证中规定的各相关银行的银行费用等由谁来承担

第7章　信用证的催开与处理

序号	内容	审核要点
14	来证方式	开立信用证可以采用信开和电开方式 （1）信开信用证，由开证行加盖信用证专用章和经办人名章并加编密押，寄送通知行 （2）电开信用证，由开证行加编密押，以电传方式发送通知行
15	信用证是否生效	（1）"生效"通常表示为"Valid" （2）如果信用证在一定条件下才正式生效，通知行就在正本信用证上加注"暂不生效"字样
16	印押是否相符	（1）收到国外开来的信用证后，应仔细审核印押是否相符，填"Yes"或"No" （2）电开信用证应注意其密押，看有无密押核符签章（SWIFT L/因随机自动核押，无此章）
17	是否需要保兑行	根据信用证内容，填"Yes"或"No"
18	审核通知行签章	收到国外开来的信用证后，应仔细审核通知行的签章、业务编号及通知日期

7.3 阅读信用证

收到信用证后要马上进行阅读。具体可根据编号看信用证，一目了然。

7.3.1 检查信用证的项目组成

必选：20 Documentary Credit Number（信用证号码）。

可选：23 Reference to Pre-advice（预先通知号码）。

如果信用证是采取预先通知的方式，该项目内应该填入"Preadv/"，再加上预先通知的编号或日期。

必选：27 Sequence of Total（电文页次）。

可选：31C Date of Issue（开证日期）。

如果这项没有填，则开证日期为电文的发送日期。

必选：31D Date and Place of Expiry（信用证有效期和有效地点），该日期为最后交单的日期。

必选：32B Currency Code，Amount（信用证结算的货币和金额）。

可选：39A Percentage Credit Amount Tolerance（信用证金额上下浮动允许的

新手学外贸从入门到精通

最大范围）。该项目的表示方法较为特殊，数值表示百分比，如5/5，表示上下浮动最大为5%。

可选：39B Maximum Credit Amount（信用证最大限制金额）。

39B与39A不能同时出现。

可选：39C Additional Amounts Covered（额外金额）。表示信用证所涉及的保险费、利息、运费等金额。

必选：40A Form of Documentary Credit（跟单信用证形式）。跟单信用证有六种形式：Irrevocable（不可撤销跟单信用证）；Revocable（可撤销跟单信用证）；Irrevocable Transferable（不可撤销可转让跟单信用证）；Revocable Transferable（可撤销可转让跟单信用证）；Irrevocable Standby（不可撤销备用信用证）；Revocable Standby（可撤销备用信用证）。

必选：41A Available with...by...（指定的有关银行及信用证兑付的方式）。

（1）指定银行作为付款、承兑、议付。

（2）兑付的方式有5种：By Payment（即期付款）、By Acceptance（远期承兑）、By Negotiation（议付）、By Defpayment（迟期付款）、By Mixed Payment（混合付款）。

（3）如果是自由议付信用证，对该信用证的议付地点不做限制，该项目代号为41D，内容为Any Bank in...

可选：42A Drawee（汇票付款人），必须与42C同时出现。

可选：42C Drafts at...（汇票付款日期），必须与42A同时出现。

可选：42M Mixed Payment Details（混合付款条款）。

可选：42P Deferred Payment Details（迟期付款条款）。

可选：43P Partial Shipments（分装条款），表示该信用证的货物是否可以分批装运。

可选：43T Transshipment（转运条款），表示该信用证是直接到达，还是通过转运到达。

可选：44A Loading on Board/Dispatch/Taking in Charge at/form（装船、发运和接收监管的地点）。

可选：44B For Transportation to...（货物发运的最终地）。

可选：44C Latest Date of Shipment（最后装船期），装船的最迟日期。

可选：44D Shipment Period（船期）。

44C与44D不能同时出现。

可选：45A Description of Goods and/or Services（货物描述），指货物的情况、

价格条款。

可选：46A Documents Required（单据要求），写明各种单据的要求。

可选：47A Additional Conditions（特别条款）。

可选：48 Period for Presentation（交单期限），表明开立运输单据后多少天内交单。

必选：49 Confirmation Instructions（保兑指示）。**Confirm**：要求保兑行保兑该信用证。**May Add**：收报行可以对该信用证加具保兑。**Without**：不要求收报行保兑该信用证。

必选：50 Applicant（信用证开证申请人），一般为进口商。

可选：51A Applicant Bank（信用证开证的银行）。

可选：53A Reimbursement Bank（偿付行）。

可选：57A"Advise Through"Bank（通知行）。

必选：59 Beneficiary（信用证的受益人），一般为出口商。

可选：71B Charges（费用情况），表明费用是否有受益人（出口商）出，如果没有这一条，表示除了议付费、转让费以外，其他各种费用由开出信用证的申请人（进口商）出。

可选：72 Sender to Receiver Information（附言）。

可选：78 Instruction to the Paying/Accepting/Negotiating Bank（给付款行、承兑行、议付行的指示）。

7.3.2 阅读的方法

可以用绿色荧光笔，把重要部分，比如日期、金额、单证项目等涂抹出来，这样平时备货制单的时候，随时拿出来，一眼即见。此外，可以采用编号看证法，重点看信用证各个项目编号，既直接又醒目。以后拿到新证，直接就看以下核心内容。

（1）40A条款看信用证类型。

（2）50条款看客户名。

（3）59条款看受益人。

（4）45A条款看货物品名。

（5）32B条款看金额对否。

（6）31D条款看有效期限。

（7）44C或44D条款看交货期。

（8）46A看单证。

（9）47A看特殊条款。

（10）48看交单期限。

在实际工作中，我们还可以通过制定信用证分析单（见表7-2）的方法来对信用证各条款的内容有更清晰、明了的了解。

表7-2　信用证分析单

1.信用证文本格式　　□信开　　□电开　　□SWIFT
2.信用证号码 _____
3.通知银行编号 _____ □未注明
4.开证日 _____
5.到期日 _____
6.到期地点 _____ □未注明
7.付款方式　　□付款　　□承兑　　□议付
8.货币 _____
9.金额（具体数额） _____
10.最高限额规定（具体数额） _____ □未注明
11.金额允许增减幅度 _____ □未注明
12.交单期（中文） _____
13.开证申请人（名称） _____
14.受益人（名称） _____
15.开证银行（名称） _____
16.通知银行（名称） _____ □未注明
17.议付银行（名称） _____ □未注明
18.付款／偿付银行（名称） _____ □未注明
19.货物名称 _____
20.合同号码 _____ □未注明
21.订单／形式发票日期 _____ □未注明
22.价格／交货／贸易术语 _____ □未注明
23.最迟装运日 _____
24.装运港 _____
25.目的港 _____
26.分批装运　　□允许　　□不允许
27.转运　　　　□允许　　□不允许
28.运输标志 _____ □未注明
29.运输方式　　□海运　　□空运　　□陆运

第7章　信用证的催开与处理

30.向银行提交单据列表（用阿拉伯数字表示）

名称	份数	名称	份数
汇票		海运提单	
发票		空运提单	
装箱单		产地证	
质量单		贸促会产地证	
尺码单		普惠制产地证	
承运人证明		商检证	
船公司证明		官方商检证	
船程证明		商会商检证	
受益人证明		保险单	
寄单证明		投保通知	
装船通知		寄单快件收据	

7.4 进行来证登记

（1）从银行收到国外来证后，外贸业务员要立即进行登记，以便查询和管理。外贸业务员可以设计一个管理表，如表7-3所示。

表7-3 信用证登记管理表

序号	信用证编号	合同编号	开证人		货物描述	信用证金额	装期	有效期	备注
			名称	地址					

（2）为了使各个信用证的各笔业务互不混乱，应采取一证一卷进行记录的办法。

（3）对于要修改的信用证，由于银行转来的信用证修改书只打上原证号以及修改的内容，如不登记来证，就无法把修改书对号入座。

（4）信用证的正本在内部流动使用时也要做好交接登记手续。

7.5 审核信用证

在实际单证业务中，由于各种原因，买方开来的信用证常有与合同条款不符的情况，为了维护己方的利益，确保收汇安全和合同顺利履行，外贸业务员必须比照合同对国外来证进行认真的核对和审查。

7.5.1 审核的原则

出口商依据国内的有关政策和规定、交易双方成交的合同、《UCP600》以及实际业务中出现的具体情况进行审核时，应遵循以下原则。

（1）信用证条款规定比合同条款严格时，应当作为信用证中存在的问题提出修改。

（2）当信用证的规定比合同条款宽松时，往往可不要求修改。

7.5.2 信用证的审核要点

针对上述信用证条款的问题，外贸业务员在进行具体的审核时要仔细认真。信用证审核的要点如表7-4所示。

表7-4　信用证审核的要点

项目		要点
信用证本身	信用证性质	（1）信用证是否不可撤销 （2）信用证是否存在限制性生效及其他保留条款 （3）电开信用证是否为简电信用证 （4）信用证是否申明所运用的国际惯例规则 （5）信用证是否按合同要求加保兑
	信用证受益人和开证人	特别注意信用证上的受益人名称和地址应与公司的名称和地址内容相一致，买方的公司名称和地址写法是不是也完全正确
	到期日和到期地点	（1）信用证的到期日应该符合买卖合同的规定，一般为货物装运后15天或者21天 （2）到期的地点一定要规定在出口商所在地，以便做到及时交单

项目		要点
信用证本身	信用证内容	检查信用证内容是否完整以及是否一致 （1）如果信用证是以电传或电报拍发给了通知行即"电讯送达"，那么应核实电文内容是否完整 （2）信用证中有无矛盾之处，如明明是空运，却要求提供海运提单等
	通知方式	检查信用证的通知方式是否安全、可靠。信用证一般是通过受益人所在国家或地区的通知/保兑行通知给受益人的。遇到下列情况之一的应温馨提示 （1）信用证是直接从海外寄来的，那么应该小心查明它的来历 （2）信用证是从本地某个地址寄出，要求己方把货运单据寄往海外，而自己并不了解他们指定的那家银行 （3）对于上述情况，应该首先通过银行调查核实
专项审核	付款期限	要检查是否与合同一致。检查时应特别注意下列情况 （1）信用证中规定有关款项须在向银行交单后若干天内或见票后若干天内付款等情况。对此，应检查此类付款时间是否符合合同规定或公司的要求 （2）信用证在国外到期 ① 规定信用证的到期和交单地点在国外，有关单据必须寄送国外，由于自己无法掌握单据到达国外银行所需的时间且容易延误或丢失，有一定的风险，通常要求在国内交单付款 ② 在来不及修改的情况下，必须提前一个邮程（邮程的长短应根据地区远近而定），以最快方式寄送 （3）如信用证中的装期和有效期是同一天即通常所称的"双到期"，在实际业务操作中，应将装期提前一定的时间（一般在有效期前10天），以便有合理的时间来制单结汇
	信用证的金额、币制	检查是否符合合同规定，主要包括 （1）信用证金额是否正确 （2）信用证的金额应该与事先协商的相一致 （3）信用证中的单价与总值要准确，英文的大小写与单价和总值的数字要一致 （4）如数量上可以有一定幅度的变化，那么，信用证也应相应规定在支付金额时允许有一定幅度 （5）如果在金额前使用了"大约"一词，其意思是允许金额有10%的变化 （6）检查币制是否正确

项目		要点
专项审核	货物的数量	检查是否与合同规定相一致，应注意以下事项 （1）除非信用证规定数量不得有增减，那么，在付款金额不超过信用证金额的情况下，货物数量可以允许有5%的增减 （2）以上提到的货物数量可以有5%增减的规定一般适用于大宗货物，对于以包装单位或以个体为计算单位的货物不适用
	价格条款	检查信用证的价格条款是否符合合同规定
	装货期	检查有关规定是否符合要求，超过信用证规定装期的运输单据将构成不符点，银行有权不付款。检查信用证规定的装期应注意以下事项 （1）能否在信用证规定的装货期内备妥有关货物并按期出运。如来证收到时，装货期太近，无法按期装运，应及时与客户联系修改 （2）实际装货期与交单期时间相距太短 （3）信用证中规定了分批出运的时间和数量，应注意能否办到；否则，如果任何一批未按期出运，以后各期即告失效
	装运项目	（1）检查货物是否允许分批出运。除信用证另有规定外，货物是允许分批付运。如信用证中规定了每一批货物出运的确切时间，则必须按此照办；如不能办到，必须修改 （2）检查货物是否允许转运。除信用证另有规定外，货物是允许转运
	单据项目	要注意单据由谁出具、能否出具、信用证对单据是否有特殊要求、单据的规定是否与合同条款一致等
	费用条款	（1）信用证中规定的有关费用（如运费或检验费等）应事先协商一致；否则，对于额外的费用，原则上不应承担 （2）银行费用如事先未商定，应以双方共同承担为宜
	信用证的文件	检查信用证规定的文件能否提供或及时提供，主要如下 （1）一些需要认证的特别是需要使馆认证的单据能否及时办理和提供 （2）由其他机构或部门出具的有关文件，如出口许可证、运费收据、检验证明等，能否提供或及时提供 （3）信用证中指定船龄、船籍、船公司或不准在某港口转船等条款，能否办到
	陷阱条款	特别注意下列信用证条款具有很大的风险 （1）1/3正本提单直接寄送客人的条款。如果接受此条款，将随时面临货款两空的危险 （2）将客检证作为议付文件的条款。接受此条款，受益人正常处理信用证业务的主动权会很大程度地掌握在对方手里，影响安全收汇

第7章 信用证的催开与处理

项目		要点
专项审核	对信用证批注的审核	对信用证上用铅字印好的文句内容和规定，特别是信用证空白处，边缘处加注的打字、缮写或橡胶戳记加注字句应特别注意
	信用证是否受约束	明确信用证受国际商会《UCP600》的约束，可以使自己在具体处理信用证业务中有一个公认的解释和理解，避免因对某一规定的不同理解而产生争议

7.6　信用证的修改

　　信用证的修改是基于审证中发现问题进行的，凡发现不符合我国外贸政策、影响合同履行和安全收汇的内容，外贸业务员必须要求进口商通过其开证行进行修改，并坚持在收到银行修改通知书后才能对外发货，以免造成出口业务工作的被动和经济损失。

7.6.1　明确信用证修改的项目

　　一般而言，信用证修改（MT707）主要有以下项目。

　　必选：20 Sender's Reference（信用证号码）。

　　必选：21 Receiver's Reference（收报行编号），发电文的银行不知道收报行的编号，填写"Nonref"。

　　可选：23 Issuing Bank's Reference（开证行的号码）。

　　可选：26E Number of Amendment（修改次数），该信用证修改的次数，要求按顺序排列。

　　可选：30 Date of Amendment（修改日期），如果信用证修改没填这项，修改日期就是发报日期。

　　可选：31C Date of Issue（开证日期），如果这项没有填，则开证日期为电文的发送日期。

　　可选：31E New Date of Expiry（信用证新的有效期），信用证修改的有效期。

　　可选：32B Increase of Documentary Credit Amount（信用证金额的增加）。

　　可选：33B Decrease of Documentary Credit Amount（信用证金额的减少）。

新手学外贸 从入门到精通

可选：34B New Documentary Credit Amount after Amendment（信用证修改后的金额）。

可选：39A Percentage Credit Amount Tolerance（信用证金额上下浮动允许的最大范围的修改），该项目的表示方法较为特殊，数值表示百分比，如5/5，表示上下浮动最大为5%。

可选：39B Maximum Credit Amount（信用证最大限制金额的修改）

39B与39A不能同时出现。

可选：39C Additional Amounts Covered（额外金额的修改），表示信用证所涉及的保险费、利息、运费等金额的修改。

可选：44A Loading on Board/Dispatch/Taking in Charge at/form（装船、发运和接收监管的地点的修改）。

可选：44B For Transportation to...（货物发运的最终地的修改）。

可选：44C Latest Date of Shipment（最后装船期的修改），修改装船的最迟日期。

可选：44D Shipment Period（装船期的修改）。

44C与44D不能同时出现。

可选：51A Applicant Bank（信用证开证的银行）。

必选：59 Beneficiary（Before This Amendment）（信用证的受益人），该项目为原信用证的受益人，如果要修改信用证的受益人，则需要在79 Narrative（修改详述）中写明。

可选：72 Sender to Receiver Information（附言）。

/Bencon/：要求收报行通知发报行受益人是否接受该信用证的修改。

/Phonben/：请电话通知受益人（列出受益人的电话号码）。

/Teleben/：用快捷有效的电讯方式通知受益人。

可选：78 Narrative（修改详述），详细的修改内容。

7.6.2　弄清信用证的修改情形

如果按信用证的审核要点进行审核，发现有任何遗漏或差错，那么外贸业务员应该就下列各点立即做出决定，采取必要的措施。

（1）不修改信用证，而考虑能否更改计划或单据内容来相应配合。

（2）一旦发现需要进行修改的情形，就必须立即采取相应措施提出修改申请。

信用证的修改情形，如表7-5所示。

表7-5 信用证的修改情形

类别	具体内容	原因
需要修改的情形	来证标明是"Revocable"（可撤销的）信用证	根据《UCP600》规定，受益人只能接受不可撤销的信用证，否则收汇无保障
	受益人及开证人名称、地址有严重错漏	与合同不一致，影响合同的履行，必须进行修改
	信用证内容与合同不符	（1）如果来证所列商品名称、规格型号、单价或作价办法、包装、唛头等内容与合同明显不符的，要改信用证 （2）来证金额不足或使用币种与合同规定不符的 （3）来证所用贸易术语与合同不符的 （4）若合同使用的贸易术语为CFR（成本加运费），但来证却要求受益人保险的，要求对方修改 （5）来证规定的装运港、目的港与合同不符的 （6）来证的装船期距离有效期太短或我方收到来证后估计所余时间不足够做备货订舱和调运货物用时 （7）来证有效到期地点不是在受益人所在国的，必须改证，否则对受益人非常不利 （8）来证所列的保险条款、商检方法等与合同不符的 （9）若来证所列的特别条款属于"软条款"即"陷阱"条款，对我方不利或办不到的
	要求将信用证展期	（1）由于货源或船期等出现问题，需要展期 （2）由于市场或销售情况发生变化，如无法按期装货的情形
	要求改变投保险别和装运条件等	进口国的经济形势或政治局势出现风险，使出口风险增加，必须要修改信用证
可以不修改的情形	字母、单词的拼写错误	（1）一般的拼写错误不会造成信用证当事人对重要信息的误解或不同解释 （2）在制单时将错就错照来证的输入，但须在其后面括号中打输入对的
	未显示允许分批装运和转运	根据《UCP600》的规定，除非信用证另有规定，否则允许分批装运和转运
	未规定交单期限	依据《UCP600》的规定，如未规定交单期，银行将不接受晚于装运日21天后提交的单据

类别	具体内容	原因
可以不修改的情形	信用证的延迟生效	（1）如果来证有"本证暂未生效""本证须在开证申请人获得进口许可证后方始生效"之类条款者，不必改证 （2）可把来证放入"待生效"卷宗内，待对方通知生效后才使用
	装运数量不符	可以只修改单证，在制单时数量照常输入，但要在后面括号内注明实际装运数量
	特殊情形	出口方只有在托运时必须把此条款输入到托运单的"特约事项"栏上，让外运公司按此要求配船并由船公司出具有关证明，附在结汇单据中交单结汇即可

7.6.3 拟写改证函

要让对方修改信用证，外贸业务员必须拟写一份正确的改证函。规范的改证函主要包括以下三方面内容。

（1）感谢对方开来信用证。

（2）列明不符点并说明如何修改。

（3）感谢对方合作，并希望信用证修改书早日开到。

以下是两个供参考的范例。

 实例1 ▶▶▶ ··

Dear Sirs:

RE: Extending Validity of The L/C

We regret to say that we have not received your L/C related to above mentioned sales Confirmation until today. It is stipulated clearly in the Sales Confirmation that the relevant L/C must reach to us not later than the end of August reaching time of the L/C is overdue we would like still to ship your goods in view of long-standing friend relationship between us . However , we can not make shipment of your goods within the time stipulated in the Sales Confirmation owing to the delay of the L/C. Therefore, the L/C needs to be extended as follows.

（1）Time of shipment will be extended to the end of Oct.

（2）Validity of the L/C will be extended to Nov 15.

Your kind attention is invited to the fact that we must receive your L/C amendment before Sept 30.Otherwise, we will not be able to effect the shipment in time Looking forward to receiving your L/C amendment early we remain.

Yours truly.

敬启者：

我们遗憾地告诉你方，直到今天我方才收到你方有关上述售货确认书的信用证。在所述确认书上清楚地规定有关信用证应不迟于8月底到达我处。虽然你方信用证到达的期限已过，但鉴于我们之间的长期友好关系，我们仍愿装运你方订货。然而，由于信用证迟到，我们不能按售货确认书所定时间装运货物。因此，需将信用证展期如下。

（1）将装运期延期至10月底。

（2）将信用证有效期展至11月15日。

请注意我们要求在9月30日之前收到信用证修改函。否则，我们无法如期装运货物。

期盼及早收到你方信用证修改通知书。

实例2▶▶▶

Dear sir,

Your letter asking for amendment to the L/C No.0088-IA has been received with thanks.

We feel sorry for the discrepancies existing bctween the L/C stipulations and terms & conditions of Sales Contract No.123.

We wish to inform you that we have submitted an application form to the issuing bank asking for the L/C amendment in accordance with your instructions in your letter of April 20, 2019. You may rest assured that ABC Bank, Osaka, Japan will send the amendment notification to you soon.

Please inform us immediately of the arrival of the L/C amendment.

Sincerely yours.

敬启者：

　　你方要求修改 0088-IA 号信用证的信函已经收悉，谢谢。

　　对于信用证和 123 号销售合同条款之间的不符之处，我们深感抱歉。在此，我们通知你方：我方已经根据你方 2019 年 4 月 20 日来函的要求向开证行提交了申请表，要求对该证予以相应修改。你方尽可放心，ABC 银行很快就会将修改件发送给你方。

　　如收到信用证的修改函，请立即通知我方。

7.6.4　信用证修改的注意事项

　　（1）凡是需要修改的内容，都应做到一次性向对方提出，避免多次修改信用证的情况。

　　（2）对于不可撤销信用证中任何条款的修改，都必须取得当事人的同意后才能生效。

　　（3）对信用证修改内容的接受或拒绝，应以明确的通知或实际行动来表示。

　　（4）收到信用证修改后，应及时检查修改内容是否符合要求，并分情况表示接受或重新提出修改。

　　（5）对于修改内容要么全部接受，要么全部拒绝。部分接受修改中的内容是无效的。

　　（6）有关信用证修改必须通过原信用证通知行才真实、有效，通过客人直接寄送的修改申请书或修改书复印件不是有效的修改。

　　（7）要明确修改费用由谁承担。一般按照责任归属来确定修改费用由谁承担。

7.7　来证保管

　　信用证的正本是银行凭以办理结汇的凭据，无论是交单结汇还是打包贷款或押汇，银行都要求提供信用证的正本。因此信用证正本十分重要，必须妥善保管，不可丢失。

　　待该证项下货物装运出口并制单结汇完毕后才将来证与合同副本、留底单据副本以及来往函电装订成本作为存档。若信用证有修改书，则须把修改书附订在原证上一并送银行办理结汇用。

　　用完的信用证不得随便销毁，应与留底单据一同装订好妥善保存。有时有的客户为节约开证费用，往往利用过期信用证以修改书形式增加数量及金额，展延装期、有效期，使过期信用证"起死回生"，恢复其使用价值。也有的信用证在索汇过程中发现问题，出口货物装运到达目的地后客户提出索赔，这时需要找出原证及留底单据查考。因此，信用证及其修改书以及有关留底单据应和来往函电一起在结汇后仍要妥善保管，过了3～5年后再做处理。

新手学

外贸

从入门到精通

第 8 章

备 货

在某些企业里，备货这项工作是由跟单员来做的，但是一些小企业里则由外贸业务员全程来跟踪，所以，外贸业务员必须对备货工作有所了解。

8.1　安排生产

安排生产分两种情况，一是公司有自己的工厂，二是直接向供货公司订货。

8.1.1　自己有工厂时的生产安排

在订单确认后，外贸业务员要根据与客户所签订的合同，把客户的要求转成易于生产加工的形式。

在转化客户订单为生产通知单时，外贸业务员必须明确客户订单中的产品名称、规格、型号、数量、包装要求、出货时间，并且在转化过程中各项信息不得有差错，有什么特别要求更加要在生产单上特别注明。只有这些资料明确，各相关部门才能凭此安排备料生产，做好生产计划。

外贸业务员在打印生产通知单后要让主管或经理确认，签字后下发到生产部。如有可能，公司要求每次下发生产通知单时，要召集相关部门主管开会，由负责此订单的业务员再次向其他部门讲解订单详细要求，做到每张订单，相关的部门都能充分了解。这样在以后的工作中如某方面有所失误，其他人也可给予指正。开会时要求主管参加，做到再次对订单的核对。如采购业务员对订单上的材料要求理解有所偏差时可及时指出。

8.1.2　与国内生产企业订供货合同

如果该公司是外贸公司，没有自己的生产厂，那外贸业务员就要积极寻找生产厂，与之签订供货合同并做好跟催工作。

8.2　生产跟踪

为了使订单产品能保质、保量地在合同与信用证规定的交货期内装运出港，外贸业务员必须跟紧生产。

8.2.1 进度跟踪的工具

外贸业务员在下发生产通知单或与生产厂签订加工合同后，为了更好地把控进度，必须要求对方提供一份生产进度安排表，然后根据该表对生产进行全面的跟踪，如表8-1所示。

表8-1 生产进度安排表

订单号：

序号	产品名称	产品型号	订单数量	交货日期	拟生产日期	实际完成日期	备注

制表人：   审批：

同时，外贸业务员应通过生产管理部的生产日报表，来了解每天完成的成品数量，对生产进度加以跟踪控制，最好制定一个跟踪表格，如表8-2所示。

表8-2 生产情况跟踪表

客户名称：   下单日期：
生产安排日期：

产品型号 /规格	订单数	指定完工 日期	实际生产					
			日期	生产数	累计	日期	生产数	累计

注：如果进度落后可用颜色管理。

生产过程中，如有意外情况不能满足客户的要求时，外贸业务员一定要及时将情况反映到公司最高层，找到解决的办法。同时，为了跟踪产品的质量问题，有时候，外贸业务员要亲自到生产车间去检查产品质量、查阅产品质量检查报告。外贸业务员要多同各生产部门沟通，让他们能更明确地了解到各单物料客户的意图，使生产更顺利，能更好地满足客户的要求。

8.2.2 客户供料跟催

有的客户要求用自己的物料，比如彩盒、说明书或贴纸等。在这种情况下，外贸业务员对客户的供料一定要跟紧。

当收到客户寄来的物料后，外贸业务员需开立一张"客户供料通知单"（表8-3），交仓管点数、品管验收。客户供料通知单包括以下内容：客户名、订单号、数量、品名、交货日期、交货方式、制损要求、客户检验报告、客户检验规范、检验仪器等。

表8-3　客户供料通知单

制表人：　　　　　　　　　　　　　　　　　　　　　　　　日期：

客户名		订单号		数量	
品名		交货日期			
交货方式：					
制损要求：					
客户检验报告：					
客户检验规范：					
检测仪器：					
备注：					

当品管提出物料有异常时，需填写"客户供料异常处理单"（表8-4）。此单应包括以下内容：相关单号、品名、数量、异常内容、客户回文处理、实际处理等。外贸业务员将此单填制后，传真给客户处理。

表8-4　客户供料异常处理单

至：　　　　　　　　从：
□特急件　　　　　□急件　　　　　□一般件

客户名		相关单号		品名		品号	
		数量		交货日期			
异常内容： 审查：　　　　　　　填表：							
客户回文处理： 客户签字：							
异常内容： 审查：　　　　　　　填表：							
注：1.特急件请客户2小时内回复。 　　2.急件请客户8小时内回复。 　　3.一般件请客户24小时内回复。							

8.3　客户订单变更的处理

客户所下订单不可避免地会发生临时订货更改的情况，一般来说，订单更改主要是数量、型号、包装要求的更改。

8.3.1　确认更改

收到客户的更改通知后，外贸业务员首先应确认更改内容是什么，工厂能否接受，工厂现有生产条件能否满足。如果是工厂不能完成的修改，则要同客户协商采用其他方法或本批货不修改。

8.3.2　书面通知相关部门

如果是工厂可以完成的修改，外贸业务员则应第一时间通过书面形式把更改内容通知相关部门，特别是生产部。

（1）在订货通知单已发出后，如客户临时有数量、交货期或技术要求等变更的要求时，外贸业务员应另行填写订货变更通知单（表8-5），并依上述要求分发至各部门。

表8-5　订货变更通知单

客户		订单批号		订货通知单号码	
变更原因说明					
项目	变更前		变更后		备注
产品名称					
规格/型号					
单位					
订货数量					
交货期					
其他					
说明					
核准		审核		填表	

（2）变更后的订货通知单应加盖"已修订"字样，并标记取消原订货通知单的号码。应在分发新单的同时回收旧单，以免发生混淆。

温馨提示

在订货通知单已发出后，如客户取消订单，外贸业务员则应发出订货变更通知单，通知各部门订单取消的信息，并回收原发出的订货通知单。

（3）如果是客户更改订货的产品型号、规格，则视同原订单变更，外贸业务员依变更流程处理，并将客户订单依新订单而发出订货变更通知单。

8.4　交货期延误的处理

当发现有交货期延误的迹象时，外贸业务员应赶紧与客户联系，寻求妥善的解决办法。

8.4.1　己方工厂原因

如果是己方工厂的原因，比如待料、技术问题等引起，需延迟出货的，外贸业务员从生产管理部得知新的交货期再以传真或电话方式告知客户，取得客户同意之后，更改订单交货期。如果客户不同意交货期延迟，或者取消订单，外贸业务员可与客户协商工厂负担部分运费或其他杂费，做出让步以取得客户的同意。

8.4.2　部分订单客户供料不及时

比如，客户未提供应提供的包装材料、网印材料等，外贸业务员都需打电话或传真追踪客户的材料，一般在客户给齐包装材料之后半个月出货。

第 9 章

办理商品检验

在货物准备齐全之后、交付之前，外贸业务员应针对不同商品的情况和出口合同的规定，报送相关机构对出口货物进行检验。

9.1 确定报检商品

在办理商品检验前，外贸业务员必须确定出口商品是否需要进行申报。具体可从以下两方面进行。

9.1.1 合同规定

在与国外客户签订的合同中，有些客户会要求出口商（卖方）出具国际上一些权威商品检验机构或其国家设在出口国的特定检验机构的检验证书作为必要的单据。

出现以上情形时，出口商应在货物装运前主动联系上述相关机构，并积极配合其检验，以获得检验证书。外贸业务员具体应做好以下的工作。

（1）填写检验申请单，并提供相关单证、资料。

（2）在规定的时间、地点配合相关机构检验。

（3）领取合格的商检证书。

9.1.2 法定检验

凡属国家规定，或合同规定必经中国进出口商品检验局检验出证的商品，在货物备齐后，出口商应向中国进出口商品检验局申请检验，只有取得商检局发的合格的检验证书，海关才准放行。

外贸业务员可以查看《中华人民共和国进出口贸易管理措施》中进出口关税及其他管理措施一览表，如果该商品的海关监管条件为"B"，即说明该商品为法定检验商品。

根据相关规定，出口商品及其运载工具法定检验报验的范围如下。

（1）列入"商检机构实施检验的进出口商品种类表"的出口商品。

（2）出口食品以及出口动物产品。

（3）出口危险货物包装容器。

（4）装运出口的易腐烂变质食品、冷冻品的集装箱、船舱、飞机、车辆等运载工具。

（5）其他法律、行政法规规定必须检验的出口商品。

9.2　准备报检单证、资料

在提交申请前，外贸业务员必须将各种所需的单证、资料等准备齐全。不同的商品，报检时要求的资料可能不一样，所以在准备时一定要细心。报检的单证、资料如表9-1所示。

表9-1　报检的单证、资料

序号	单证名	说明
1	出口合同	出口合同（或售货确认书）是双方达成交易的书面确认文件，在报检时要提供其复印件或副本，必要时提供原本。如果有补充协议的要提供补充的协议书，有修改的要提供修改书
2	信用证	信用证是报检必备单证，必须依据要求提交其复印件或副本，必要时提供原件。如果有修改情形，要提供信用证的修改书或更改的函电
3	包装检验合格单证	凡属危险或法定检验范围内的商品，在申请品质、规格、数量、重量、安全、卫生检验时，必须提交商检机构签发的出口商品包装性能检验合格单证，商检机构凭此受理上述各种报检手续
4	相关证书	属于必须向商检机构办理卫生注册和出口商品质量许可证的商品，报检时必须提供商检机构签发的卫生注册证书或出口质量许可证编号和厂检合格单。冷冻、水产、畜产品和罐头食品等须办理卫生许可证时，必须交附商检机构签发的卫生注册证书和厂检合格单

新手学 外贸 从入门到精通

序号	单证名	说明
5	其他单证、资料	（1）样品。如果合同规定凭样品成交，必须提供经国外买方确认的样品一份 （2）经发运地商检机构检验合格的商品，需在口岸申请换证的，必须交附发运地商检机构签发的"出口商品检验换证凭单"（简称"换证凭单"）正本 （3）第一次检验不合格，经返工整理后申请重新检验的，应交附原来的商检机构签发的不合格通知单和返工整理记录 （4）经生产经营部门检验的，应提交其检验结果单 （5）申请重量/数量鉴定的，应交附重量明细单、装箱单等资料 （6）申请积载鉴定、监视装载的，应提供配载图、配载计划等资料

9.3 填写出口货物报检单

报检单统一要求预录入，并加盖报检单位公章或已向检验检疫机构备案的报检专用章。报检前，报检人员应认真审核录入报检单，其申报内容必须与报检随附单证一致，并在"报检人声明"一栏签名。

9.3.1 填写基本要求

报检单必须如实填写，而且保持整洁，不能涂改，具体的填写要求如下。

（1）每张申请单一般只填写一批商品。

（2）申请的日期、时间必须准确无误。

（3）所有应填写的项目应填写齐全、译文准确、中英文内容一致。

（4）证书类别，属于两个以检验鉴定项目的，需区分是单独出证还是合并出证，这需要在备注栏内写明。

（5）证书的文种、份数，都要写清楚。

（6）如果对检验证书的内容有特殊要求，也应在检验申请单上申明。

9.3.2 报检单样式

中华人民共和国出入境检验检疫出境货物报检单如表9-2所示。

表9-2　中华人民共和国出入境检验检疫出境货物报检单

报检单位（加盖公章）：　　　　　　　　　　　　编号：

报检单位登记号：　　　联系人：　　　电话：　　　报检日期：____年__月__日

<table>
<tr><td rowspan="2">收货人</td><td colspan="5">（中文）</td></tr>
<tr><td colspan="5">（外文）</td></tr>
<tr><td rowspan="2">发货人</td><td colspan="5">（中文）</td></tr>
<tr><td colspan="5">（外文）</td></tr>
<tr><td>货物名称（中文/外文）</td><td>H.S.编码</td><td>产地</td><td>数量/重量</td><td>货物总值</td><td>包装种类及数量</td></tr>
<tr><td></td><td></td><td></td><td></td><td></td><td></td></tr>
<tr><td colspan="2">运输工具名称、号码</td><td colspan="2">贸易方式</td><td colspan="2">货物存放地点</td></tr>
<tr><td colspan="2">合同号</td><td colspan="2">信用证号</td><td colspan="2">用途</td></tr>
<tr><td colspan="2">发货日期</td><td colspan="2">输往国家（地区）</td><td colspan="2">许可证/审批号</td></tr>
<tr><td colspan="2">启运地</td><td colspan="2">到达口岸</td><td colspan="2">生产单位注册号</td></tr>
<tr><td colspan="6">集装箱规格、数量及号码</td></tr>
<tr><td colspan="2">合同、信用证订立的检验检疫条款或特殊要求</td><td colspan="2">标记及号码</td><td colspan="2">随附单据（打"√"或补填）</td></tr>
<tr><td colspan="2"></td><td colspan="2"></td><td>□ 合同
□ 信用证
□ 发票
□ 换证凭单</td><td>□ 装箱单
□ 厂检单
□ 包装性能结果单
□ 许可/审批文件</td></tr>
<tr><td colspan="4" align="center">需要单证名称（打"√"或补填）</td><td colspan="2" align="center">＊检验检疫费</td></tr>
<tr><td colspan="2">□ 品质证书　__正__副
□ 重量证书　__正__副
□ 数量证书　__正__副
□ 兽医卫生证书　__正__副
□ 健康证书　__正__副
□ 卫生证书　__正__副</td><td colspan="2">□ 动物卫生证书　__正__副
□ 植物检疫证书　__正__副
□ 熏蒸/消毒证书　__正__副
□ 出境货物换证凭单
□ 出境货物通关单</td><td colspan="2">总金额
（人民币元）

计费人

收费人</td></tr>
<tr><td colspan="4">报检人郑重声明
（1）本人被授权报检
（2）上列填写内容正确属实，货物无伪造或冒用他人的厂名、标志、认证标志，并承担货物质量责任
签名：</td><td colspan="2">领取证单

日期

签名</td></tr>
</table>

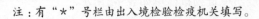

注：有"＊"号栏由出入境检验检疫机关填写。

9.3.3 填写要点

根据以上样式，在具体填写报检单中各项目时可参考表9-3的说明。

表9-3 报检单的填写要点

序号	填写项目	填写要点
1	编号	预留空白，由商检局受理报检人员填写
2	报检日期	填写报检当日日期
3	报检单位	填写报检单位全称并加盖公章
4	报检单位登记号	为报检单位在商检局的备案登记号
5	联系人及电话	商检局认可的报检员名字及联系电话
6	发货人	填写出口合同卖方或信用证受益人名称（中英文对照）
7	收货人	填写出口合同买方或信用证开证申请人名称，如无中文可不填
8	货物名称（中、外文）	按出口合同或信用证的相关规定如实填写
9	H.S.编码（海关商品代码）	按《商品名称及编码协调制度》中规定的该商品的8位编码填写
10	产品信息	按实际情况填写。货物总值应与出口发票所列数值一致
11	运输工具名称号码	如果还未完全安排好，可只填写"海运"或"空运"等
12	贸易方式	"正常贸易"或"三来一补"等
13	许可证/审批号	已办理出口许可证的，应填写出口许可证号码
14	生产单位注册号、集装箱规格、数量及号码	可空白
15	合同、信用证订立的检验检疫条款或特殊要求	如实填写，如果信用证中要求不列明收货人或收货人栏输入"to Order"（凭指示），应填写在此栏内，以便商检局按此指示出示商检证
16	标记及号码	为运输标记，如没有也注明"无"
17	随附单据	选择或补填

序号	填写项目	填写要点
18	需要单证名称	（1）如果为法定检验商品，报检仅为海关通关之用，可只按要求出具"出境货物通关单" （2）如果合同或信用证要求出具商检证明作为议付单据之一，应出具品质证书、质量证书、数量证书等
19	其他项目	按实际情况填写

9.4　领证、审证

报检单位在向商检局提交申请，并配合检验后，商检局会根据检验结果发放证书。

9.4.1　领取证书

报检单位要在规定的日期内去领取检验合格证书，领取时应注意以下事项。

（1）申请人申请出具品质证书时，不需要再在"出口商品报关单"上加盖放行章或出具"出口商品放行单"，凭品质证书商标有"此副本仅供通关用"字样的副本报关。

（2）对中国和俄罗斯、中国和缅甸、中国和越南等边境贸易的出口商品，则凭品质证书正本加盖"边境贸易"印章通关。

9.4.2　审核证书

领取证书后，外贸业务员要立即校对证书份数、证书内容等。证书日期应早于提单日期。证书内容与结汇有关单证要一致，如有不一致的应及时提出，查明原因，由商检机构予以配合解决。已取得商检证书的商品应在规定的期限内发运出口，超过期限的应将原发商检证书全部退回，重新申请报验。一般商品在单证签发之日起60天内装运出口，鲜活类商品为2周。

第 ⑩ 章

办 理 保 险

根据合同中约定使用的贸易术语，在办理保险时外贸业务员的工作重点各有不同。按FOB（离岸价）或CFR（成本加运费）术语成交，保险由买方办理，外贸业务员要催促买方及时办理。如果使用CIF（成本加保险费加运费）术语，卖方要自行办理保险，这时外贸业务员就要全程负责办理好。

10.1 准备单证

在投保之前要将表10-1所示单证准备好。

表 10-1 投保前要准备的单证

序号	单证名	说明
1	信用证	投保人应按信用证上规定的要求投保，保证"单单一致，单证一致"，以便顺利结汇
2	外贸发票	外贸发票不仅是出口货物的必备凭证，也是投保时确定保单要素的重要依据，发票上列明的项目如发票号码、商品名称、包装数量、货物价格都是填写投保单及确定投保金额时必不可少的项目
3	货运提单	货运提单可以用来明确保险公司的签单日期。虽然所有保险公司都要求进出口货运保险的投保日期应在货运开始之前，但在实际操作中，由于各种各样的原因，常常会发生投保人投保时货物已出运的情况。一般情况下，只要投保人无恶意行为，保险公司会根据货运提单上的出运日期，出具签单日为实际投保日之前的保险单
4	装箱单	装箱单可以用来明确出运货物的包装方式和包装件数

10.2 计算保险金额与保险费

保险金额是投保人对出口货物的实际投保金额；保险费则是投保人应缴纳的相关费用。

10.2.1 保险金额

按照国际保险市场的习惯做法，出口货物的保险金额一般按CIF货价另加10%计算，这增加的10%也被称为保险加成，是买方进行这笔交易所付的费用和预期利润。如果客户要求将保险加成率提高到20%或30%，其保费差额部分应由国外买方负担。同时，国外要求加成率如超过30%时，应先征得保险公司的同意。

保险金额计算的公式是

$$保险金额 = CIF货值 \times （1+加成率）$$

如果换算成CFR价，则CFR=CIF×[1−保险费率×（1+加成率）]

10.2.2 货运保险保险费

投保人按约定方式缴纳保险费是保险合同生效的条件。保险费率是由保险公司根据一定时期、不同种类的货物的赔付率，按不同险别和目的地确定的。保险费则根据保险费率表的费率来计算，其计算公式是

$$保险费 = 保险金额 \times 保险费率$$

如按CIF加成投保，上述公式可更改为

$$保险费 = CIF \times （1+投保加成率）\times 保险费率$$

商品03001的CIF价格为10000美元，进口商要求按成交价格的110%投保一切险（保险费率0.8%）和战争险（保险费率0.08%），根据上述公式计算如下。

$$保险金额 = 10000 \times 110\% = 11000（美元）$$
$$保险费 = 11000 \times （0.8\%+0.08\%）= 96.8（美元）$$

10.3 选择投保形式与险别

10.3.1 选择投保形式

货物运输险投保的形式有以下几种。

（1）预约保险。专业从事出口业务的贸易公司，或长期出口货物的企业，可与保险公司签订预约保险合同（简称预保合同，是一种定期统保契约）。凡属于预保合同约定范围以内的货物，一经起运，保险公司即自动承保，即凡签订预保合同的单位，当每批保险标的出运前，由投保人填制起运通知，一式三份，交保险公司。

出口货物运输预约保险合同

合同号　　　　　　　　　　日期

甲方：

乙方：保险公司

双方就出口货物的运输预约保险，议定下列各条以资共同遵守。

一、保险范围

甲方出口到国外的全部货物，无论采用何种运输方式，凡贸易条件规定由卖方办理保险的，都属于合同范围之内。甲方应根据本合同规定，向乙方办理投保手续并支付保险费。

乙方对上述保险范围内的货物，负有自动承保的责任，在发生本合同规定范围内的损失时均按本合同的规定负责赔偿。

二、保险金额

保险金额以出口货物的CIF价为准。如果交易不是以CIF价成交，则折算成CIF价，计算时，运费可用实际运费，也可由双方协定一个平均运费率计算。

三、保险险别和费率

各种货物需要投保的险别由甲方选定并在投保单中填明。乙方根据不同的险别，规定不同的费率，现暂定如下。

货物种类	运输方式	保险险别	保险费率

四、保险责任

各种险别的责任范围，按照所属乙方制定的"海洋货物运输保险条款""海洋货物运输战争险条款""航空运输综合险条款"和其他有关条款的规定为准。

五、投保手续

甲方一经掌握货物发运情况，即应向乙方发出起运通知书，办理投保。通知书一式五份，由保险公司签订、确认后，退回一份。如果不办理投保，货物发生损失，乙方不予理赔。

六、保险费

乙方按甲方寄送的起运通知书照前列相应的费率逐笔计收保险费，甲方应及时付费。

七、索赔手续和期限

本合同所保货物发生保险范围以内的损失时，乙方应按制定的"关于海运出口保险货物残损检验和赔款给付办法"迅速处理。甲方应尽力采取防止货物扩大受损的措施，对已遭受损失的货物必须积极抢救，尽量减少货物的损失。向乙方办理索赔的有效期限，以保险货物卸离海轮之日起满一年终止。如有特殊需要可向乙方提出延长索赔期。

八、合同期限

本合同自_____年___月___日开始生效。

甲方：   乙方：

【范本】▸▸▸

中国人民保险公司国际运输预约保险起运通知

被保险人：   编号：   字第   号

保险货物项目（唛头）：	包装及数量：	价格条件：	货价（原币）：
合同号：	发票号码：	提单号码：	合同号：
运输方式：	运输工具名称：	运费：	运输方式：

开航日期：　　年　月　日
运输路线：自　　　　至

投保险别		费率		保险金额		保险费	

中国人民保险公司	被保险人签章	备注
年　月　日	年　月　日	

（2）逐笔投保。未与保险公司签订预约保险合同的企业，对出口货物需逐笔填制投保单，办理货物运输险投保。

（3）联合凭证。凡陆运、空运到我国港澳地区的，可使用"联合凭证"，由投保人将"联合凭证"一式四份，提交保险公司。保险公司将其加盖联合凭证印章，并根据投保人提出的要求注明承担险别、保险金额和理赔代理人名称，经签章后退回三份，自留一份，凭此统一结算保费。

10.3.2　选择保险险别

海洋运输货物保险，按照国家保险习惯，可将各种险别分为基本险别和附加险别。

（1）基本险别。基本险别有平安险（Free of Particular Average，FPA）、水渍险（With Particular Average，WPA）和一切险（Allrisks）。不同的险别，其责任范围也不一样，具体如表10-2所示。

表10-2　基本险别的责任范围

序号	险别	责任范围
1	平安险	（1）在运输过程中，由于自然灾害和运输工具发生意外事故，造成被保险货物的实际全损或推定全损 （2）只要运输工具曾经发生搁浅、触礁、沉没、焚毁等意外事故，无论这意外事故发生之前或者以后曾在海上遭恶劣气候、雷电、海啸等自然灾害所造成的被保险货物的部分损失 （3）由于运输工具遭搁浅、触礁、沉没、互撞、与流冰或其他物体碰撞以及失火、爆炸等意外事故造成被保险货物的部分损失 （4）在装卸转船过程中，被保险货物一件或数件落海所造成的全部损失或部分损失 （5）运输工具遭自然灾害或意外事故，在避难港卸货时所引起被保险货物的全部损失或部分损失 （6）运输工具遭自然或灾害或意外事故，需要在中途的港口或者在避难港口停靠，因而引起的卸货、装货、存仓以及送送货物所产生的特别费用 （7）发生共同海损所引起的牺牲、公摊费和救助费用 （8）发生了保险责任范围内的危险，被保险人对货物采取抢救、防止或减少损失的各种措施，因而产生合理的施救费用。但是保险公司承担费用的限额不能超过这批被救货物的保险金额。施救费用可以在赔款金额以外的一个保险金额限度内承担
2	水渍险	除了包括上列"平安险"的各项责任外，还负责被保险货物由于恶劣气候、雷电、海啸、地震、洪水等自然灾害所造成的部分损失
3	一切险	包括上列"平安险"和"水渍险"的所有责任外，还包括货物在运输过程中，因各种外来因素所造成保险货物的损失。无论全损或部分损失，除对某些运输途耗的货物，经保险公司与被保险人双方约定在保险单上载明的免赔率外，保险公司都给予赔偿

（2）附加险别。附加险别包括一般附加险和特殊附加险。

① 一般附加险。一般附加险不能作为一个单独的项目投保，而只能在投保平安险或水渍险的基础上，加保一种或若干种一般附加险。如加保所有的一般附加险，就叫投保一切险。一般附加险如表10-3所示。

表10-3　一般附加险

序号	险别	说明
1	偷窃提货不着险	保险有效期内，保险货物被偷走或窃走，以及货物运抵目的地以后，整件未交的损失
2	淡水雨淋险	货物在运输中，由于淡水、雨水以及雪融所造成的损失
3	短量险	负责保险货物数量短缺和重量的损失
4	混杂、沾污险	保险货物在运输过程中，混进了杂质或被其他物质接触而被沾污所造成的损失
5	渗漏险	流质、半流质的液体物质和油类物质，在运输过程中因为容器损坏而引起的渗漏损失
6	碰损、破碎险	碰损主要针对金属、木质等货物，破碎则主要针对易碎性物质
7	串味险	货物（如香料）在运输中与其他物质一起储存而导致的变味损失
8	受潮受热险	由于气温骤变或船上通风设备失灵等原因引起货物的损失
9	钩损险	货物在装卸过程中因为使用手钩、吊钩等工具所造成的损失
10	锈损险	货物在运输过程中因为生锈造成的损失
11	包装破损险	包装破裂造成物资的短少、沾污等损失

② 特殊附加险。特殊附加险也属附加险类，但不属于一切险的范围之内。主要包括各种战争险，罢工、暴动、民变险，交货不到险，进口关税险，黄曲霉素险等。

10.4　填写投保单

外贸企业办理投保，必须填制"运输险投保单"，一般先填制"运输险投保单"，一式两份。一份由保险公司签署后交投保人作为接受承保的凭证；另一份由保险公司留存，作为缮制、签发保险单（或保险凭证）的依据。

10.4.1 投保单内容

投保单的内容包括投保人名称、货物名称、运输标志、船名或装运工具、装运地（港）、目的地（港）、开航日期、投保金额、投保险别、投保日期和赔款地点等。

【范本】▶▶

中国人民保险公司
The People's Insurance Company of China

运 输 险 投 保 单
Application for Transportation Insurance

被保险人：
Assured's Name：
兹有下列物品拟向中国人民保险公司投保：
Insurance is required on the following commodities：

标记 Marks & No.	包装及数量 Quantity	保险货物项目 Description of goods	保险金额 Amount Insured

装载运输工具：
Per Conveyance：

开航日期：　　　　　　　　　　　提单号码：
Slg. on/abt.：_____　B/L No.：_____
自　　　　　　　　　　　　　　　　至
From_____　To_____

请将要保的险别标明：
Please indicate the Conditions & / or Special
Coverage：

备　　注：
Remarks：

投保人（签名盖章）：　　　　　　　电话：
Name/Seal of Proposer：_____　Telephone No.：_____
地址：　　　　　　　　　　　　　　日期：
Abbress：_____　Date：_____

本公司自用
For Office Use Only

费率：　　　　　保费：　　　　　　　　　　经办人：
Rate：_____　Premium：_____　By_____

10.4.2 投保单填写

投保单要如实、认真填写，具体的填写要点如表10-4所示。

表10-4 投保单填写要点

序号	项目	说明
1	被保险人	如实填写出口商名称即可
2	唛头和号码	因为保险索赔时一定要提交发票，所以可以只填写"As Per Invoice No.××××"
3	包装及数量	（1）有包装的填写最大包装的件数，并应与其他单据一致 （2）裸装货物要注明本身件数 （3）有包装但以重量计价的，应将包装数量与计价重量都填上
4	保险货物项目	按照货物名称如实填写，如果品种与名称较多，可填写其统称
5	保险金额	按信用证规定填写，如果没有规定，可按货物CIF货值的110%填写
6	装载运输工具	（1）海运方式下填写船名加航次，如果整个运输由两次运输完成时，应分别填写一程船名及二程船名，中间用"/"隔开 （2）铁路运输填写运输方式"By Railway"加车号 （3）航空运输填写航班名称
7	开航日期	填写提单装运日期
8	起讫地点	应填写"From装运港To目的港W/T（VIA）转运港"，并与提单一致
9	投保险别	根据信用证规定如实填写
10	备注	在备注栏内主要对特殊事项进行说明
11	投保人信息	按照实际情形如实填写

10.5 提交投保单

在以上事项都准备好后，外贸业务员就将投保单与相关文件要给保险公司。保险公司会根据投保内容，签发保险单或保险凭证，并计算保险费，单证一式五份，其中一份留存，投保人付清保险费后取得四份正本，投保即告完成。

10.6　交纳保险费

交纳保险费就是投保人根据保险合同的规定，按期如数交纳保险费。一般交纳保险费有一次付清、分期付款、现金支付、票据支付、汇付和托收等方式。

10.7　领取保险单据

保险单据是保险公司在接受投保后签发的承保凭证，是保险人（保险公司）与被保险人（投保人）之间订立的保险合同。在被保险货物受到保险合同责任范围内的损失时，它是被保险人提赔和保险公司理赔的主要依据；在CIF、CIP合同中，保险单是卖方必须向买方提供的主要单据之一，也可以通过背书转让。

10.7.1　查看保险单据类型

保险单据可分为保险单（Insurance Policy）、保险凭证（Insurance Certificate）、联合保险凭证（Combined Insurance Certificate）和预约保险单（Open Policy）等，具体说明如表10-5所示。

表10-5　保险单据类型

序号	类型	说明
1	保险单	即大保单，是一种独立的保险凭证，一旦货物受到损失，承保人和被保人都要按照保险条款和投保险别来分清货损，处理索赔
2	保险凭证	即小保单，不印刷保险条款，只印刷承保责任界限，以保险公司的保险条款为准，但其作用与保险单完全相同
3	联合保险凭证	用于我国港澳地区中资银行开来的信用证项下业务，在商业发票上加盖保险章，注明相关信息，与保险单有同等效力，但不能转让
4	预约保险单	预约保险单是保险公司承保被保险人在一定时期内发运的，以CIF价格条件成交的出口货物或以FOB、CFR价格成交的进口货物的保险单

10.7.2　审核保险单据

在领取保险单后，外贸业务员应认真审核，具体的审核要点如下。

（1）确保根据信用证要求交来保险单、保险凭证、保险声明。

（2）确保提交开立的全套保险单据。

（3）确保保险单据是由保险公司或保险商或他们的代理人签发的。

（4）确保发出日期或保险责任生效日期最迟应在已装船或已发运或接受监管之日。

（5）确保货物投保金额要符合信用证要求或符合《UCP600跟单信用证统一惯例》第二十八条第F分条的解释。

（6）除非信用证另外允许，确保保险单据必须使用与信用证相同的货币出具。

（7）确保货物描述符合发票的货物描述。

（8）确保承保的商品是信用证指定装载港口或接受监管点到卸货港口或交货点。

（9）确保已经投保了信用证指定的险别，并已明确表示出来。

（10）确保唛头和号码等与运输单据相符。

（11）确保如果被保险人的名称不是保兑行、开证行或买方，应带有适当的背书。

（12）确保保险单据表现的其他资料要与其他单据一致。

（13）如果单据记载有任何更改，确保应被适当地证实。

10.7.3　申请批改

在审核保险单时，外贸业务员若发现投保内容有错漏或需变更，应向保险公司及时提出批改申请，由保险公司出立批单，粘贴于保险单上并加盖骑缝章，保险公司按批改后条件承担责任。

申请批改必须在货物发生损失以前，或投保人不知有任何损失事故发生的情况下，在货到目的地前提出。

第 11 章

出 口 报 关

在进出口贸易的实际业务中，绝大多数是卖方负责出口货物报关，买方负责进口货物报关。按照我国海关法规定，凡是进出国境的货物，必须经由设有海关的港口、车站、国际航空站出入，并由货物所有人向海关申报，经过海关放行后，货物才可提取（进口）或者装船（出口）。

11.1 做好报关准备

在报关前，报关员要将出口货物与相关单证准备齐全。

11.1.1 单证准备

为了做到如实申报，报关时须认真准备、检查申报必备的单证。按不同的贸易方式和出口商品的报关需递交不同的单证，并使提交的单证齐全、合法、有效。主要的单据如下。

（1）由报关员自行填写或由报关预录入人员录入后打印的报关单（格式以海关的要求为准）。

（2）合同。

（3）出口载货清单。

（4）装运单（俗称下货单）。

（5）代理报关授权委托协议。

（6）出口货物属于国家限制出口或配额出口的应提供许可证件或其他证明文件。

（7）货物的发票、装箱单。

（8）商检部门签发的证明。

（9）出口收汇核销单。

（10）其他海关监管条件所涉及的各类证件。

11.1.2 货物准备

目前海关实行货到报关，因此提前将出口货物准备好是顺利通关的必要条件。

如果是工厂送货，可将货物发运到承运人指定的集装箱中转站，由中转站负责将货物依次装入集装箱。如果要求厂装，则承运人可将空箱运至出口方的仓库，在将货物装箱之后，直接将集装箱运至堆场。应派人到现场查看装货情况，并要求集装箱中转站按出口方的装箱方式装货。这样在一定基础上，能防止短装或错装，从而为顺利通关奠定基础。

11.2 申请报关

根据《中华人民共和国海关法》的规定，出口货物的发货人或其代理人应在货物的出境地向海关申报，可使用纸质报关单和电子数据报关单的形式进行申报。由于海关大都安装使用了电子口岸系统，因此，以下主要从电子报关进行说明。

11.2.1 自理报关

如果自理报关，外贸业务员就要自行登录相关网站，并按照相应的操作流程进行申报。自理报关的申报流程如图11-1所示。

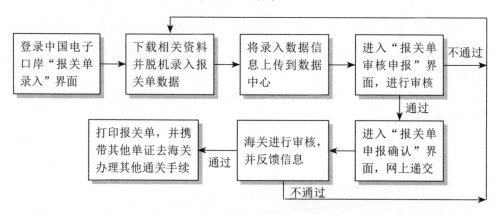

图11-1　自理报关的申报流程

报关单填写质量如何，直接关系到报关的成功与否。在具体填写时应保证所有内容应与箱单、发票、合同内容一致，做到单单相符，货物品名与其商品编码相符，数量及单位应与该出口货物的海关统计单位一致。

11.2.2 委托报关

需要委托专业或代理报关企业向海关办理申报手续的企业，在拖柜的同时要将报关所需资料（装柜清单，见表11-1）交给合作报关行，委托出口报关及做商检通关换单。通常要给报关留出 2 天时间（船截关前）。接受委托的专业报关企业或代理报关企业要向委托单位收取正式的报关委托书，报关委托书以海关要求的格式为准。

表 11-1　装柜清单

货物名称		货物编号		货物数量	
口岸		船公司		船开截关时间	
船号		柜号		柜型及数量	

11.3　配合海关查验

查验是指海关在接受报关单位的申报并已经审核的申报单位的基础上，通过对出口货物进行实际的核查，以确定其报关单证申报的内容是否与实际进出口的货物相符的一种监管方式。

11.3.1　了解查验地点

海关查验货物，一般在海关监管区内的进出口口岸码头、车站、机场、邮局或海关的其他监管场所进行。对进出口大宗散装货、危险品、鲜活商品、落驳运输的货物，经进出口收发货人的申请，海关也可结合装卸环节，在作业现场予以查验放行。在特殊情况下，如成套设备、精密仪器、贵重物资、急需急用的物资以及"门到门"运输的集装箱货物等，经进出口收发货人或其代理人的申请，海关审核同意，也可派员到规定的时间和场所以外的工厂、仓库或施工工地查验货物。

11.3.2　查看验货记录

海关查验货物后，均要填写一份验货记录，一般包括查验时间、地点、进出口货物的收发货人或其代理人名称、申报的货物情况，查验货物的运输包装情况（如运输工具名称、集装箱号、尺码和封号）、货物的名称、规格型号等。

11.3.3　注意事项

外贸业务员在配合海关查验时，应注意以下事项。

（1）海关查验进出口货物时，发货人应当到场，并按照海关的要求负责搬移货物、开拆和重封货物的包装等。

（2）在海关查验时，随时答复海关查验人员提出的问题或提供海关需要的相关单证，配合海关的查验监管活动。

（3）海关在查验中发现的走私违规情形，应积极配合进行调查。

（4）对要求海关派员到监管区域以外办理海关手续的，要事先向海关办理申请手续。

（5）对海关在查验进出口货物造成损坏的，应向负责查验的海关提出赔偿要求，并办理有关手续。

11.4　交关税和有关规费

根据《海关法》的有关规定，进出口的货物除国家另有规定外，均应征收关税。关税由海关依照海关进出口税则征收。需要征税费的货物，自接受申报1日内开出税单，并于缴核税单2小时内办结通关手续。

（1）经海关审核报关单，并查验货物无误后，海关根据申报的货物计算税费打印纳税缴款书和收费票据。

（2）发货人或其代理人凭海关签发的缴税通知书和收费单据应在限定的时间内（收到缴款书后15日内）向指定银行缴纳税费，或在网上进行电子支付，以便海关在出口装货单上盖"海关放行章"，出口货物的发货人凭此装船起运出境。

11.5　办理货物放行

待以上手续都完整地办理完毕，海关就会放行货物。外贸业务员持放行员办理过的全部单据办理实物放行手续。

放行意味着进出口货物可解除海关现场监管，尤其是一般贸易进出口货物，海关放行即结关，海关在口岸放行是对整个监管程序进行复核的重要环节，复核内容如下。

（1）通关程序是否合法，手续是否齐全，各项签章是否完整、有效。

（2）申报单证是否齐全、有效、有无遗漏。

（3）海关查验进出口货物的记录和批注是否准确，是否符合规范。

（4）应税、应费进出口货物缴纳税费的情况。

（5）属于担保放行或缓税处理的进出口货物的手续的合法性。

（6）有关监管货物的登记、备案记录是否完整正确。

（7）构成走私违规行为的是否已经处罚。

海关放行后，在浅黄色的出口退税专用报关单上加盖"验讫章"和已向税务机关备案的海关审核出口退税负责人的签章，退还报关单位。

第 12 章

出货安排与跟踪

以上手续都办理完后，外贸业务员则要进行出货安排与跟踪。

12.1 给客户发装货资料

外贸业务员从生产计划部门得知订单可以出货时，应提前几天通知客户。外贸业务员应制作"发货装箱资料单"（表 12-1）发送给客户，通知客户此单产品可以出货。

表 12-1 发货装箱资料单

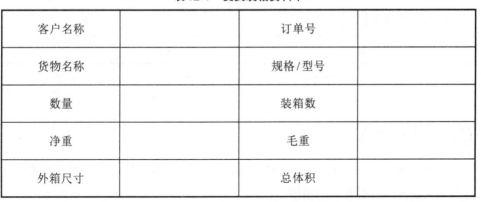

客户名称		订单号	
货物名称		规格/型号	
数量		装箱数	
净重		毛重	
外箱尺寸		总体积	

一般而言，客户接到发货装箱资料后，会通知出货日期和方式。

12.2 开出货通知单

一般情况下，在得到客户确认的书面文件之后才可以实施出货。客户在接到发货装箱的资料后，一般会通知出货的日期和方式，如果有任何疑问，一定要询问清楚。外贸业务员接到客户的通知后，即可开出货通知单（表 12-2）、出厂申请单等票据，并联系运输公司。

表 12-2　出货通知单

通知日期：　　　年　　月　　日　　　　　　　　　　　　单号：

客户名称			订单号码			
序号	品名	规格 / 型号	出货数量	单位	装货（出货）方式	

是否需提供易损件　是□　否□				
报关时间		柜号		
来柜时间		要求货柜离厂时间		
要求配合部门	□品管部　　□业务部　　□仓库			
相关部门经理及签收				
业务经理意见及签名				

制表：　　　　　　日期：　　　　　　审批：　　　　　　日期：

12.3　寻找货代

货代即货运代理，通过接受发货人的委托，以委托人的名义为其办理国际货运及相关业务并收取相应的报酬。

12.3.1　收集货代信息

从事货运代理的公司很多，外贸业务员在选择货代前需要收集各种货代的信息，主要可通过以下途径进行。

（1）网上发布信息，吸引相关的货代公司主动联系。

（2）登录各种外贸论坛（如福步论坛），与论坛人员交流，了解各种货代的优劣势。

（3）使用百度、雅虎等搜索引擎，输入关键词。

（4）通过朋友的介绍了解。

12.3.2　初步筛选货代

外贸业务员收集完货代的相关信息后，就要进行初步筛选，主要可从优势航线、航运价格和服务水平三方面进行考虑，具体要点如表12-3所示。

表12-3　货代的初步选择

序号	考虑因素	要点
1	优势航线	了解各货代的主营航线，在这些主营航线上船次多、价格优惠、代理点多，服务相对有保障
2	航运价格	（1）注意比较不同货代的航线运价，进行相互比较 （2）比较运费时，要包含各种杂费，弄清楚所报价格的组成 （3）尽量选择"All In"价（包括运费、杂费的总和）
3	服务水平	（1）主要了解货代是否掌握专业知识和具体的业务操作流程 （2）通过网络搜索、其他客户评价等形式了解货代的服务质量

 相关链接

分辨货代收费

在选择货代时，要了解货代运费的构成，能分辨出货代收费中哪些是合理的，哪些是巧立名目收取的。

1. 运费的构成

货代运费除了纯粹的价格运费外，还包括各种杂费，这些杂费有些是船东收取的，有些是出货港/目的港码头收取的，还有些是货代自己巧立名目收取的。很多费用并没有明确的标准，非常灵活。除了向发货人收取外，有些费用还会向收货人（也就是我们的国外客户）收取，这就很容易产生两个陷阱。

（1）某些货代巧立名目多收费用。

（2）货代在收货人和发货人之间调节、转移部分费用。

2. 了解杂费

通常来说，常见的杂费主要包括以下几种。

（1）ORC：Origin Receiving Charge，起运港码头附加费。

（2）DDC：Destination Delivery Charge，目的港提货费。

（3）THC：Terminal Handling Charge，码头操作（吊柜）费。

（4）BAF：Bunker Adjusted Factor，燃油附加费，或称FAF（Fuel Adjusted Factor）。

（5）CAF：Currency Adjustment Factor，货币贬值附加费。

（6）DOC：Document，文件费。

（7）PSS：Peak Season Surcharge，旺季附加费。

（8）AMS：America Manifest System，美国舱单系统。这是美国自2003年起出于反恐需要，规定凡是运往美国的货物，船公司必须将货物资料通过AMS系统报美国海关。同样的货代必须把货物资料如实报给船公司。货代因此向货主收取AMS附加费。

以上这些费用收取项目会根据时间和航线不同做调整，但全行业基本固定，也就是说，要收都会收，如果别人都不收就某个货代列名目收取，那么就有问题，需要慎重考虑。

12.3.3　选择合作的货代

通过对货代进行初步筛选后，外贸业务员就要与可能合作的几家货代进行商谈，并最终确定合作的货代。一般来说，在初步筛选时主要从航线、服务水平进行考虑，以确保能如期地交货。在最终选择时，主要考虑航运价格，所以要就价格与货代协商好。

外贸业务员在讲价时要从节省运费开支的角度出发，但也不能太过苛刻。具体应注意以下事项。

（1）由于货运淡旺季和油价的变动，会导致航运价格有所变动。因此在询问价格的时候，要告知其大致的出货时间，请货代告知可能的运费变动趋势。

（2）一些货代急于招揽生意，询问他们的时候永远会说"要尽快订舱，下个月会涨价"等，这种货代不必理睬。

（3）多问几家货代了解实际趋势，并选择那些能够如实相告、提供合理建议的货代来合作。

12.3.4　配合货代的工作

找个好货代，谈好价格以后，外贸业务员要积极配合货代的工作。把运输安排得稳妥周详一些，只要条件允许，工作就提前一点，给货代足够的时间来操作。一般来说，过程如下。

（1）向货代订舱。

（2）货代传真货物进仓通知。

（3）整柜货物的，货代安排集装箱拖车；拼柜货物的，按照货代进仓通知的指示按时送进指定仓库。

（4）把报关资料（即报关所需的发票、装箱单、报关单、核销单及其他所需单证）及时交给货代，委托货代报关。如果是自己报关的，则按照货代规定的时限内完成报关。

（5）报关装船的同时，与货代核对提单内容，把客户对提单的种种要求告诉货代，请货代按照要求制单。货代以最后确认的内容格式出具提单。

（6）船开后，货代通知所需费用，并出具运费发票。要及时付清费用，取得提单。

时间安排上则很有讲究。一般采取倒推计算方法，先确定最后期限，再根据操作步骤倒推计算时间。以下举例来说明。

 **实例** ▶▶▶ ··································

出货相关时间安排

假设我们与客户拟定8月18日出货，运往澳大利亚的悉尼港口。注意并不是每天都有船开往悉尼的。开船航次通常会以周为单位，比如规定逢周二、周五有船。经查18日是周四，之前最接近的航次是16日周二的船。这样一来，16日才是我们实际操作中的最后交货日（可能的话，最好安排提前一个航次，比如12日周五的船。这样即使届时有什么延误赶不上船，我们也还可以选择16日的航次，期限内完成交货。否则就只能通过倒签提单解决了）。

16日的船，按照规定必须提前半天到一天截止装船，即行话中的"截放"，更须提前一两天完成报关装船事宜，行话称为"截关"。因此，一般情况下我们应在14日左右把货物运至码头并完成报关。而在本案例中，14日逢周日，稳妥起见，最好在上周五即12日完成报关。考虑到订舱及安排拖车装柜所需时间，提前一周为宜。所以，9日左右向货代订舱，12日左右完成报关，16日如期上船是比较稳妥的办法。可见，合同约定18日交货的，到了实际操作中9日就要动手准备了。

第12章 出货安排与跟踪

125

了解了过程，基本上就理解了时间安排的惯例，即一般提前一周订舱，提前两天完成货物进舱和报关事宜。

其中需要格外注意的就是节假日和周末的影响。因为报关出运需要出口方、货代、码头、海关等几方操作，节假日和周末特别容易造成配合与联系上的脱节。尤其春节、"十一"长假，是海运出货最容易出问题的时段，而一旦出问题就没法及时解决。因此外贸业务员在与客户订立合同的时候，最好避免在长假内出货。实在需要假期内出货的，外贸业务员首先把"官方机构"的衔接工作在假期前解决，同时与货代、工厂之间保持密切联系，索要经手人的手机号码等应急联系方式，预先理顺操作环节，预计可能的意外并准备必要的应急预案。

12.4 租船订舱

在货物交付和运输过程之中，如货物的数量较大，可以洽租整船甚至多船来装运，这就是"租船"。如果货物量不大，则可以租赁部分舱位来装运，这就是"订舱"。

12.4.1 操作要点

根据合同中不同的价格术语，外贸业务员在具体租船订舱时应遵循各自的要点，具体说明如图12-1所示。

<table>
<tr><td>FOB 条款</td><td>CIF 条款</td></tr>
<tr><td>
• 客户指定运输代理公司或船公司
• 尽早与货代联系，告知发货意向，了解将要安排的出口口岸、船期等情况
• 确认交货能否早于开船期至少1周以前，及船期能否达到客户要求
• 在交货期2周之前向货运公司发出书面订舱通知
</td><td>
• 尽早向货运公司或船公司咨询船期、运价、开船口岸等
• 选择价格优惠、信誉好、船期合适的船公司，并通知客户
• 客户不同意时要另选其认可的船公司
• 开船前2周书面订舱
</td></tr>
</table>

图12-1　租船订舱操作要点

12.4.2 租船订舱程序

在具体租船订舱时，外贸业务员应按以下程序进行。

（1）填写托运单。外贸业务员委托货运公司办理托运手续，必须填写托运单。

新手学外贸 从入门到精通

托运单也称"订舱委托书",递送外运公司作为订舱依据。

【范本】▸▸▸

托运单

制表日期：　　年　月　日

委托单位：　　　　　　　　　　代运编号：

装运港	目的港	合同号	国别	委托单位编号

唛头标记及号码	件数及包装式样	货名规格及型号	质量（千克）		尺码（立方米）
			毛重（ABT）		总体积：
			净重（ABT）		单件： （尺码不一时须另附表） 长　宽　高

托运人（英文） Shipper：	需要提单正本　份 副本　份
收货人（提单抬头） Consignee：	信用证号：
通知人（英文） Notify：	装期： 效期： 可否转运：Not 可否分批：Not
代发装船电报的电挂，地址（英文）：	运费支付： Freight Prepaid
特约事项： Notify Applicant	随附单据： 出口货物报单　　份 发票　　　　　　份 装箱单（质量单）份 尺码单　　　　　份 信用证副本　　　份 商检证　　　　　份 出口许可证　　　份
装船情况 船名：　　　　　　航次： 装出日期：　　　　提单号：	货物情况：
公司联系人：　　　　　TEL：　　　　　　FAX：	

托运单（Shipping Note——B/N）有的地方称为"下货单"，是托运人根据贸易合同和信用证条款内容填制的，向承运人或其代理办理货物托运的单据。承运人根据托运单内容，并结合船舶的航线、挂靠港、船期和舱位等条件考虑，认为合适后，即接受托运。托运单的填写要点如表12-4所示。

表12-4 托运单的填写要点

序号	项目	填写要点
1	目的港	名称须明确具体，并与信用证描述一致，如有同名港时，须在港口名称后注明国家、地区或州、城市。如信用证规定目的港为选择港（Optional Ports），则应是同一航线上的，同一航次挂靠的基本港
2	运输编号	即委托书的编号。每个具有进出口权的托运人都有一个托运代号（通常也是商业发票号），以便查核和财务结算
3	货物名称	应根据货物的实际名称，用中英文两种文字填写，更重要的是要与信用证所列货名相符
4	标记及号码	又称唛头（Shipping Mark），是为了便于识别货物，防止错发货，通常由型号、图形、收货单位简称、目的港、件数或批号等组成
5	重量尺码	重量的单位为千克，尺码为立方米。托盘货要分别注明盘的重量、尺码和货物本身的重量、尺码，对超长、超重、超高货物，应提供每一件货物的详细的体积（长、宽、高）以及每一件的重量，以便货运公司计算货物积载因素，安排特殊的装货设备
6	运费付款方式	一般有运费预付（Freight Prepaid）和运费到付（Freight Collect）。有的转运货物，一程运输费预付，二程运费到付，要分别注明
7	可否转船、分批，以及装期、效期	均应按信用证或合同要求——注明
8	通知人、收货人	按需要决定是否填
9	有关的运输条款	订舱，配载信用证或客户有特殊要求的也要——列明

（2）货代办理托运。货代公司接受托运后，即可向承运单位或其代理办理租船订舱业务。待承运人（船公司）或其代理人签发装货单后，货运代理机构填制显示船名、航次和提单号码的"配舱回单"，连同装货单、收货单一起交付出口企业，托运工作即告完成。

12.5　制作装箱单

装箱单是发票的补充单据，它列明了信用证（或合同）中买卖双方约定的有关包装事宜的细节，便于国外买方在货物到达目的港时供海关检查和核对货物，通常可以将其有关内容加列在商业发票上，但是在信用证有明确要求时，就必须严格按信用证约定制作。

12.5.1　制作要点

不同公司的装箱单，其格式不一样，但一般都包含出货的品名、规格、数量、箱数、净重、毛重、包装尺寸、体积、箱号、唛头等。以下提供一个范本供参考。

【范本】▶▶

Packing List

To:

No.:

Contract No.:

Date:

From:　　　　To:

Marks & No.s	Description of Goods	Quantity	NW	GW	Measurement
Total Amount:					

Signature:

外贸业务员具体在制作装箱单时应遵循表12-5的要求。

表12-5　装箱单制作要点

序号	单据项目	制作要点
1	装箱单名称 Packing List	应按照信用证规定使用。通常用Packing List、Packing Specification、Detailed Packing List
2	编号（No.）	必须与发票号码一致
3	合同号（Contract No.）	注明批货的合同号或者销售确认书编号
4	唛头（Marks）	与发票一致，也可以只注"asper Invoice No.×××"
5	箱号/货号（No.s）	按照信用证要求，注明包装件编号；按照发票，与发票内容一致
6	货物描述（Description of Goods）	与发票一致。货名如有总称，应先注总称，然后逐项列明详细货名
7	数量（Quantity）	应注明此箱内每件货物的包装件数
8	毛重（GW）	注明每个包装件的毛重和此包装件内不同规格、品种货物各自的总毛重，最后在合计栏处注总重量
9	净重（NW）	注明每个包装件的净重和此包装件内不同规格、品种货物各自的总净重，最后在合计栏处注总重量
10	箱外尺寸（Measurement）	注明每个包装件的尺寸
11	合计（Total Amount）	此栏对箱号、数量、毛重、净重等栏合计。以大写文字写明总包装数量，必须与数字表示的包装数量一致
12	出票人签章（Signature）	由出口公司的法人代表或者经办制单人员代表公司在装箱单右下方签名，上方空白栏填写公司英文名称，下方则填写公司法人英文名称

12.5.2　注意事项

外贸业务员在制作装箱单时，应注意以下事项。

（1）有的出口公司将两种单据的名称印在一起，当来证仅要求出具其中一种时，应将另外一种单据的名称删去。单据的名称，必须与来证要求相符。如信用证规定为"Weight Memo"，则单据名称不能用"Weight Lis"。

（2）单据的各项内容，应与发票和其他单据的内容一致。如装箱单上的总件数和重量应与发票、提单上的总件数或总重量相一致。

（3）包装单所列的情况，应与货物的包装内容完全相符。例如，货物用纸箱装，每箱200盒，每盒4打。

（4）如来证要求提供"中性包装清单"（Neutral Packing List）时，应由第三方填制，不要注明受益人的名称。这是由于进口商在转让单据时，不愿将原始出口单据暴露给其买主，所以才要求出口商出具中性单据。如来证要求用"空白纸张"（Plain Pape）填制这两种单据时，在单据内一般不要表现出受益人及开证行名称，也不要加盖任何签章。

12.6 接待客户或第三方验货

在交货期前一周，外贸业务员要通知客户验货。如果客户要自己或指定验货人员来验货的，外贸业务员要在交货期1周前，约客户查货并将查货日期告知生产部（或生产厂家）。如果客户指定由第三方验货公司或公正行等验货的，外贸业务员要在交货期2周前与验货公司联系，预约验货时间，确保在交货期前安排好时间。

12.6.1 准备工作

外贸业务员在验货前要做好以下准备工作。

（1）了解验货标准。如果合同规定客户验货或第三方来验货，则外贸业务员在订货后，就要求客户或第三方验货公司提供一套验货标准。

（2）了解验货内容。外贸业务员了解这些内容就能在接待验货时做到心中有数，一般来说，验货内容主要包括以下方面。

① 在正式验货前，询问订单的情况，如全批货完成了没有？如没有全批完成，那完成了多少？已打好包装的成品有多少？没完成的是否正在做？如货正在生产中，对方可能要去看生产过程。还有余数什么时候可完成？对已完成的货物，可拍下和看看堆放情况并点数（点箱数/卡板数）。注意，这些情况都会写在验货报告备注上。

② 用照相机拍下和核对外箱唛头及装箱情况是否与落货通知书要求相同，如还没装箱，会问工厂纸箱到位没有？如已到，就算还没装箱，则先检查纸箱唛头、尺寸、纸箱的质量、清洁度和颜色等，但通常会让工厂安排先装一箱给他们检查；如纸箱还没到，则会问什么时候可以到。

（3）称货物的重量（毛重）和量度外箱的尺寸是否与所印的落货通知书相符合。

（4）验货报告上，填写具体装箱资料，如多少只（个）入一内盒（中盒），多少只（个）入一外箱，写法为50只/内盒、300只/外箱。另外，检查纸箱是否已打包好，最少有2条打包带，外箱是否用"工"字形封箱胶带上下封好。

（5）按照指示进行摔箱测试。

（6）抽样检查外箱是否有破损，检查内盒（中箱）是否是四页盒，内盒内的间格卡是否有杂色。

（7）检查产品有否破损。

（8）根据标准（一般以AQL的标准）的数量指示抽查货物。

（9）用照相机拍下货品情况，包括不良品和在生产线上的情况。

（10）核对货品与签办，菲林片和有关要求是否一致符合，如产品颜色、商标颜色和位置、大小、外观、产品表面处理效果、产品功能等。

（11）检查彩盒有否破损，有没有折痕磨花，印刷效果是否优良和打样一致。

（12）检查货品是否用全新料造货，原料要无毒，油墨要无毒。

（13）检查货品各零件是否装好、装到位，不可松动或脱落。

（14）检查货品功能是否正常和操作是否正常。

（15）检查货品有否披锋割手，不可有毛边利角。

（16）检查货品和纸箱（包括包装彩盒、纸卡、塑料袋、不干胶、气泡袋、说明书、发泡等）的清洁度。

（17）检查货品是否完好和在良好情况下存放。

（18）填写验货报告后，告知不良品及情况，然后让负责人签名并写上日期。

12.6.2　接待并配合验货

外贸业务员要提前通知相关部门将所验货品准备好，并派人协助搬运、开箱等工作。在具体验货时，外贸业务员要全程陪同跟踪，并回答验货人员的各种问题，确保验货正常进行。

12.6.3　应对第三方验货人员刁难

在产品生产之前，外贸业务员一定要与客户就相关的检验文件、技术文件达成一致，并形成文件，以防止第三方的验货人员刁难。

如果在实际验货时，第三方人员非要违背文件的要求，加严要求，外贸业务员就请他们在提出问题的样品上签字，留下证据。

12.7 排柜

排柜的目的是尽量降低海运费，比如，20英尺柜（1英尺＝0.3048米，下同）和40英尺柜都可以装下一批货物，我们一般会选择20英尺柜，因为20英尺柜的各项费用肯定比40英尺柜低；另外一种情况就是客户订单里的产品规格、型号比较多，尺寸也不一样，所以，需要经过仔细计算，使装货数量尽量多，通常的做法是选择最经济、最合适的柜型，装尽可能多的数量。

12.7.1 了解货柜尺寸

货柜共分两种规格，即40英尺和20英尺两种，20英尺货柜的外尺寸为20英尺×8英尺×8英尺6英寸；40英尺货柜的外尺寸为40英尺×8英尺×8英尺6英寸。此外40英尺柜及20英尺柜还分高柜及一般柜。以下是集装箱尺寸基本情况一览表，如表12-6所示。

表12-6　集装箱尺寸基本情况一览表

序号	柜别	内尺寸	配货毛重	体积
1	20英尺柜	5.69米×2.13米×2.18米	17.5吨	24～26立方米
2	40英尺柜	11.8米×2.13米×2.18米	22吨	54立方米
3	40英尺高柜	11.8米×2.13米×2.72米	22吨	68立方米
4	20英尺冻柜	5.42米×2.26米×2.24米	一般17吨	26立方米
5	40英尺冻柜	11.20米×2.24米×2.18米	一般22吨	54立方米
6	40英尺高冻柜	11.62米×2.29米×2.50米	22吨	67立方米
7	45英尺冻柜	13.10米×2.29米×2.50米	一般29吨	75立方米
8	20英尺开顶柜	5.89米×2.32米×2.31米	20吨	31.5立方米
9	40英尺开顶柜	12.01米×2.33米×2.15米	30.4吨	65立方米
10	20英尺平底货柜	5.85米×2.23米×2.15米	23吨	28立方米
11	40英尺平底货柜	12.05米×2.12米×1.96米	36吨	50立方米
12	45英尺高柜	13.58米×2.34米×2.71米	一般29吨	86立方米

12.7.2 排柜方法

各种排柜尺寸不一，外贸业务员在具体安排时应注意以下技巧。

（1）计算货物外箱体积的时候，在外箱实际尺寸的基础上长、宽、高各加1厘米算单个外箱的体积。

（2）20英尺柜一般是24～26立方米，不要过26立方米的底线，40英尺柜安全上限是54立方米，45英尺高柜上限是76立方米。这里所说的上限是实际能装的体积，并不是柜子内部的空间体积，因为装柜时有浪费，不可能100％利用空间。

（3）每类柜子的重量也是有限制的，货物的毛重不能超过其限制，尤其要考虑有些国家的相关规定。

（4）要尊重客户的要求，如唛头朝柜门口、同一个款号要堆放在一起等。

（5）要考虑到海关查验的需要。

实例▶▶▶ ....

如何正确排柜

某工厂有一批需要排柜的货物，要用一种滑托板打包装，箱子的尺寸是56厘米×30厘米×40厘米，总共有610箱。客户要求高度不能超过1.2米。现订购滑托板的尺寸是112厘米×90厘米，堆两层，高度是800毫米。每个滑托板装12个箱子，大概需要51个托板。准备装40英尺柜依以下的排柜可有效地利用空间。

（1）堆两层。第一层每托是3层高，共18箱一托，第二层每托2层高，共12箱一托。总高度是0.4×3+0.8=2（米）。

（2）排两列，每托的宽度是0.9米，共1.8米宽。

（3）每列排10行，共11.2米长。

第一层：放20托×18箱/托=360箱。

第二层：20托×12箱/托=240箱。合计600箱，余下的10箱可以放在空隙里。

12.7.3 统计货柜安排

对于排柜情况，外贸业务员应以表格形式列明出来，见表12-7，并将该表格交给工厂，以便他们做好相应准备。

表12-7 货柜安排情况表

客户名：   订单号：
货柜类型：   到厂日期：

序号	型号 / 规格	每箱产品数量	箱数	体积

12.8 联系拖车公司

外贸业务员在做好排柜计算后，就可以委托拖车公司提柜、装柜。

（1）应选择安全可靠、价格合理的拖车公司签订协议长期合作，以确保安全及准时。

（2）要给拖车公司传真以下资料：订舱确认书/放柜单、船公司、订舱号、拖柜委托书，注明装柜时间、柜型及数量、装柜地址、报关行及装船口岸等。

12.9 跟踪装柜

在货物装柜时，外贸业务员要进行全程监督，某一环节没跟好都有可能出问题，所以一定要跟紧。

12.9.1 装柜前的跟踪

外贸业务员在出货前一天要通知有关人员并确定出货数量的准确性。到出货日跟踪货柜车是否到厂。如没到厂，与船公司联系，询问情况如何，大概什么时候可以到厂，最好拿到货柜车司机的联系电话，直接打电话给货柜车司机询问他到厂的大概时间，以便通知工厂具体时间。

12.9.2 协助装柜

外贸业务员应协助生产部门安排好人员装柜。货柜到厂后，外贸业务员要监装，指导货物的摆放。如一个柜内有几种货，每一规格的产品要留一两箱放于货柜尾部用于海关查货用。

12.9.3 填提货单

待货物快装完时，每一个货柜填制一份提货单（表12-8），待装货完毕后，外贸业务员要求货柜司机签名确认，告诉司机报关地点、报关员联系电话。如有报关资料，外贸业务员请货柜司机带给报关员，做好签收工作。

表12-8 提货单

客户：　　　　　　　　　　　　订单号：

序号	品名	产品代码	规格/型号	颜色	数量	箱数
总计						
货柜公司			货柜号码			
提货车牌			提货人			

业务主管：　　　　　　　　仓库：　　　　　　　　制单：

12.9.4 通知放行

出货手续办理完毕后，外贸业务员应通知保安放行。为确保安全，许多工厂都设置了保安人员，并制定了相关的物品出入管理制度与表单，任何人都必须遵守，连客户也不例外。所以外贸业务员应将当日出货事宜告知保安人员，并填写好相关放行条。

12.10 发出装运通知

货物装船后，外贸业务员应及时向国外买方发出"装运通知"（表12-9），以便对方准备付款、赎单，办理进口报关和接货手续。

装运通知的内容一般有订单或合同号、信用证号、货物名称、数量、总值、唛头、装运口岸、装运日期、船名及预计开航日期等。在实际业务中，外贸业务员应根据信用证的要求和对客户的习惯做法，将上述项目适当地列明在电文中。

表 12-9　装运通知

Shipping Advice
装运通知
Messrs：
收货人：
Dear Sirs：
亲爱的先生：
Re：Invoice No.
参考发票号：
L/C No.
信用证号码：
We hereby inform you that the goods under the above mentioned credit have been shipped.
特此通知上述信用证项下的货物已装运。
The details of the shipment are as follows：
装运明细如下：
Commodity：
货物商品：
Quantity：
数量：
Amount：
金额：
Bill of Lading No.：
提单号码：
Ocean Vessel：
船名：
Port of Loading：
装货港：
Port of Destination：
目的地港：
Date of Shipment：
装运日期：
We hereby certify that the above content is true and correct.
兹证明以上内容真实无误。
Company name：
公司名称：
Address：
地址：
Signature：
签名：

12.11　反馈运输状态信息

货发出去以后，外贸业务员应通过有效的反馈系统，掌握与货物相关的运输状态的信息，主要有以下内容。

（1）运输安全与否，运输途中是否会发生意外，安全保障状态如何。

（2）通关是否顺利，如果不顺利，需要采取哪些补救措施。

（3）运输效果如何，是否能够按预期的计划交给客户。

（4）其他不可控的必要信息，如天灾、地震等。

12.12　统计出货情况

外贸业务员要统计订单的实际出货完成情况，落实未完成事项能够完成的具体日期，并把统计结果呈报责任部门和上级。具体见表12-10所示。

表12-10　出货统计表

年　　　月　　　日

序号	订单号	客户	品名	规格/型号	数量	订单交期	实际出货日	备注

核准：　　　　　　　　　审核：　　　　　　　　　制表：

12.13　客户收货追踪

货出工厂后，外贸业务员需将所出货订单规格及数量等登记在客户出货追踪表（表12-11）内。司机要将具有接收者签名的货运单或入舱单签名回联带回，以便业务部门确认，必要时将此单传给客户，表示此货已从工厂运出。

表12-11　客户出货追踪表

订单号	客户名称	品名	规格	数量	出厂日期	装船日期	客户收到日期

在出货一段时间后，估计客户已收到货时，外贸业务员需将收货确认单（表12-12）交给客户，要求确认后签名盖章传回，表示货已收到。

表12-12　收货确认单

客户名称：

　　为尽量减少与贵公司在对账中不必要的麻烦，请确认以下表格中所列是否如数收到。如收到，请在客户签名盖章处签名盖章，并请回传，多谢合作！

订单号：

产品编号	产品名称	产品规格	数量	箱数	出厂时间	运输方式	到货时间

客户签名盖章：　　　　　　　　审核：　　　　　　　　制单：

12.14　获得运输文件

出货后外贸业务员要及时与船公司联系，并催促其出具提单样本及运费账单，以便做好结算工作。

12.14.1　催促船公司出单

最迟在开船后2天内，外贸业务员要将提单补料内容传真给船公司或货运代理，催促尽快开出提单样本及运费账单。补料要按照信用证或客户的要求来做，并给出正确的货物数量，以及一些特殊要求等，包括要求船公司随同提单开出的装船证明等。

12.14.2　仔细核对样本

外贸业务员仔细核对样本无误后，向船公司书面确认提单内容。如果提单需客户确认的，要先传真提单样本给客户，得到确认后再要求船公司出正本。

提单样本就是提单草稿，一般是船开后才会出具，然后传给托运人。因为可能存在打字错误等，所以要托运人再次核对确认，没有问题就写上"好"并回传。最好保证补料的准确性，因为提单更改的次数多了，有的公司也要收费。

提单的审核非常重要，否则会导致很多麻烦。着重审核提单种类、份数、抬头、收货人、通知人、出单人、承运人、指示方、装货港、卸货港、货物描述、转船分批装运描述、清洁性描述、装船批注、背书描述，原则是要符合信用证要求、事实和常理。

12.14.3　及时支付运杂费

付款后，外贸业务员通知船公司及时取得提单等运输文件。对于支付的运费应做好登记工作，以便进行入账。运费支付登记表见表12-13。

表12-13　运费支付登记表

订单号	客户名	装船日期	船公司	运杂费	支付情况	提单号

一般来说，要先付清运杂费才能拿到正本提单，所以付款要及时。付款方式可以是现金存款或者支票。如果付现金，将银行流水单传真给船公司，证明已经付清了运杂费，就可以让船公司快递提单了；有的则要确认钱到账后才可以。支票付款的话，只要支票到达后就可以要求寄出正本提单。

第 13 章

制 单 结 汇

在结关放行后货物已运往客户，外贸业务员接下来就要协助单证员制作、审核各种单据，准备付汇结汇。

13.1 确定需要哪些单证

外贸单证就是在国际结算中所使用到的各种单据、文件与证书，用于处理货物的支付、运输、保险、商检、结汇等。

13.1.1 结汇所需单证

结汇单证按照签发制作人的不同，可分为自制单证、官方单证和协作单证，具体说明如表13-1所示。

表13-1　结汇单证

序号	单证类型	具体说明
1	自制单证	包括汇票、发票、装箱单、受益人证明、装船通知等需由出口商自己出具的单证
2	官方单证	需由官方部门签证的单证，如商品检验证明书、原产地证明书（一般产地证明书和普惠制证明书）等
3	协作单证	由出口商与船公司、保险公司协作，出具提单、船公司证明、保险单等

13.1.2 确定所需单证

外贸业务员要依据合同和信用证的要求，确定每一张订单在结汇时所需的各类单证。具体可以针对各订单分别制作相应的单证一览表（表13-2），以便进行制作时能参考。

表13-2　单证一览表

订单号：　　　　　　　　客户名称：　　　　　　　　信用证编号：

序号	单证名称	信用证要求	单证的特殊要求	所需份数	备注

  相关链接 ‹

各种单证的日期关系

各种单证的签发日期应符合逻辑性和国际惯例，通常提单日期是确定各单证日期的关键，汇票日期应晚于提单、发票等其他单证，但不能晚于L/C的有效期。各单证日期关系如下。

（1）发票日期应在各单证日期之首。

（2）提单日期不能超过L/C规定的装运期，也不得早于L/C的最早装运期。

（3）保险单的签发日应早于或等于提单日期（一般早于提单2天），不能早于发票。

（4）装箱单应等于或迟于发票日期，但必须在提单日期之前。

（5）产地证不早于发票日期，不迟于提单日期。

（6）商检证日期不晚于提单日期，但也不能早于提单日期，尤其是鲜货，容易变质的商品。

（7）受益人证明，等于或晚于提单日期。

（8）装船通知，等于或晚于提单日期后3天内。

（9）船公司证明，等于或早于提单日期。

新手学 外贸 从入门到精通

13.2　准备好单证

单证的制作通常由单证员来完成，但是对于一些小的外贸公司而言，这项工作通常由外贸业务员来做。

13.2.1　制单要求

各类单证的制作要求是必须正确、完整、及时、简明、整洁，具体要求说明如表13-3所示。

表13-3　单证制作要求

序号	制作要求	具体说明
1	正确	单证内容必须正确，符合信用证的要求，真实反映货物的实际情况，且各单证的内容不能相互矛盾
2	完整	内容（需要哪些单证）、份数（提交几份）、种类（有无正副本要求、是否背书）必须完整
3	及时	制单应及时，以免错过交单日期或信用证有效期
4	简明	应按信用证要求和国际惯例填写，力求简明，绝不能加列不必要的内容
5	整洁	（1）应清楚、干净，不应出现涂抹现象，应尽量避免或减少加签修改 （2）单证的格式设计合理、内容排列主次分明、重点内容醒目突出

13.2.2　制单方法

外贸业务员具体在制作各种单证时，为保证不会遗漏项目、提高制作的精确度，可采取从上到下、从左至右的方法。

（1）从上到下。即从一张单证的最上面的项目开始，做完上一行的项目再做下一行的项目。

（2）从左至右。填写各项目时，如果一行有多个纵向项目，则要遵循从左到右的原则。

此外，为了使单证的制作更条理化、有序化，业务员可以自行设计制作跟踪表，将每一张订单的制单情况列表跟踪（表13-4），每制完一单就可以在其完成情况栏内画一个"√"。

表 13-4　单证制作跟踪表

订单号：

序号	单证名称	所需份数	单证日期	制作日期	完成情况	更改状况	备注

13.2.3　发票的制作

各种发票用途各有不同，业务员在制作发票时应根据进口国的相关要求备齐相应的发票。

（1）商业发票。商业发票是在货物装出时卖方开立的载有货物名称、数量、价格等内容的价目清单，是买卖双方交接货物和结算货款的主要单证，也是出口报关完税必不可少的单证之一。由于是全套货运单据的中心，其他单据均参照发票内容缮制，因而制作发票不仅要求正确无误，还应排列规范，整洁美观。虽然发票没有统一的格式，但一般都包含基本的条款，表13-5对基本条款的制作进行简要说明。

表 13-5　发票的制作要点

序号	条款	填写注意事项
1	出口商名称	发票顶端必须有出口商名称、地址、传真和电话号码，其中出口商名称和地址应与信用证一致
2	发票名称	在出口商名称下，应注明"发票"（Commercial Invoice 或 Invoice）字样

序号	条款	填写注意事项
3	发票抬头人	通常为国外进口商。在信用证方式时，除非另有规定，应为开证申请人
4	发票号码	发票号码由出口商自行按顺序编制
5	合同号码和信用证号码	合同号码和信用证号码应与信用证所列的一致，如信用证无此要求，也应列明
6	开票日期	开票日期不应与运单日期相距太远，但必须在信用证交单期和有效期之内
7	装运地和目的地	应与信用证所列一致，目的地应明确具体，若有重名，应写明国别
8	运输标志（唛头）	（1）来证有指定唛头的，按来证制作 （2）如无规定，由托运人自行制定 （3）以集装箱方式装运，可以集装箱号和封印号码取代 （4）运输单据和保险单上的唛头，应与发票一致
9	货物名称、规格、包装、数量和件数	关于货物的描述应符合合同要求，还必须和信用证所用文字完全一致。如须列明重量，应列明总的毛重和净重
10	单价和总值	单价和总值必须准确计算，与数量之间不可有矛盾，应列明价格条件（贸易术语），总值不可超过信用证金额的超值发票，银行可以接受，也有权拒收
11	附加证明	大致有以下几种 （1）加注费用清单：运费、保险费和FOB价 （2）注明特定号码，如进口许可证号 （3）注明原料来源地的证明文句
12	出单人名称	发票由出口商出具，在信用证方式下，必须是受益人。《UCP600跟单信用证统一惯例》规定，商业发票可以只标明出单人名称而不加签署。如需签字，来证中应明确规定，如Signed Commercial Invoice

第13章 制单结汇

商业发票

Issuer: AAA Trading Co., LTD. No.222 YinHu Road, LuoHu District Shenzhen		**AAA 贸易公司** **AAA Trading Co., LTD.** **商业发票** **Commercial Invoice**	
To: Pacific Millennium Co.LTD Unit 116-7, Sun Plaza 28, Firstavenue New York, U.S.A		No. J H - FLSINV06	Date Nov. 12, 2021
Transport Details From Shenzhen, CHINA to New York, U.S.A		s/c No. JH--FLSSC06	L/C No. LC82H0010104
		Terms of Payment L/C AT 30 Days after Sight	
Marks and Numbers	Number and Kind of packages Description of Goods	Quantity	Unit Price	Amount
FLS 9711 New York Carton1 - 2000	Forever Brand Bicycle YE803 26'	2000pcs	USD 70.00/pcs	USD 140000.00
Total:		2000pcs	USD 140000.00	
Say Total: Say U. S. Dollars One Hundred and Fourteen Thousands Only				
This invoice is in all respects correct & true.				
Signature: ABC Trading Co., LTD.				

（2）海关发票。海关发票是进口国海关当局规定的进口报关必须提供的特定格式的发票，主要是作为估价完税、确定原产地、征收差别待遇关税或征收反倾销税的依据。主要在美国、加拿大、澳大利亚、新西兰及非洲的一些国家使用。

海关发票由进口国海关统一制定并提供，所以业务员在具体制作时应要求客户提供样式，并如实填写，具体的填写要点如下。

① 凡海关发票与商业发票上共有的项目和内容，必须一致，不得互相矛盾。

② 对"出口国国内市场价格"一栏，应按有关规定审慎处理，因为其价格的高低是进口国海关作为是否征收反倾销税的重要依据。

③ 如售价中包括运费或运费和保险费，应分别列明FOB价、运费、保险费

各多少，FOB价加运费应与CFR货值相等，FOB价加运费和保险费应与CIF货值相等。

（3）领事发票。领事发票是出口方根据进口国驻出口国领事馆制定的固定格式填写并经领事馆签章的发票，主要用于部分拉丁美洲国家。领事发票中应注明的内容视L/C上发票认证的条款而定，一般须注明"装运货物是××（出口国）制造/出产"。

（4）厂商发票。厂商发票是出口商所出具的以本国货币计算价格，用来证明出口国国内市场的出厂价格的发票，其作用是供进口国海关估价、核税以及征收反倾销税。该发票主要视信用证规定与否而填制，如果来证要求填写，则依海关发票有关国内价格的填写办法处理。填写时应注意以下事项。

① 出票日期应早于商业发票日期。

② 价格为以出口国币制表示的国内市场价。填制方法与海关发票同，但应注意出厂价不能高于发票货价，应适当打个折扣（一般按FOB价打九折或八五折），以免被进口国海关视为压价倾销而征收反倾销税导致巨大损失。

③ 发票内应加注证明制造商的语句"We Hereby Certify That We Are Actual Manufacturer of The Goods Invoice"。

④ 抬头人填出口商，但出单人为制造厂商，应由厂方负责人在发票上签字盖章。

⑤ 货物出厂时，一般无出口装运标记，因此除非信用证有明确规定，否则厂商发票不必制作唛头。

【范本】 ▶▶▶

Manufacturer's Invoice			
To:		Manufacturer's Invoice	
From:		No.	Place Date
To:		s/c No.	L/C No.
Marks and numbers	Quantity	Unit price	Amount
Say Total:			
We Hereby Certify That We Are Actual Manufacturer of The Goods Invoice.			
Signature:			

13.2.4　汇票的制作

汇票是由出票人签发的，委托付款人见票即付或者在指定日期无条件支付确定的金额给收款人或者持票人的票据。一般都是开具一式两份，只要其中一份付讫，则另一份即自动失效。具体的填写要点如表13-6所示。

表13-6　汇票填写要点

条款	填写内容	填写要点
出票条款	信用证名下的汇票，应填写出票条款	须填写开证行名称、信用证号码和开证日期
汇票金额	托收项下汇票金额应与发票一致	（1）若采用部分托收、部分信用证方式结算，则两张汇票金额各按规定填写，两者之和等于发票金额 （2）信用证项下的汇票，若信用证没有规定，则应与发票金额一致 （3）若信用证规定汇票金额为发票的百分之几，则按规定填写
付款人名称	托收方式的汇票，付款人为买方	（1）在信用证方式下，以信用证开证行或其指定的付款行为付款人 （2）若信用证未加说明，则以开证行为付款人
收款人名称	汇票的收款人应是银行	（1）在信用证方式下，收款人通常为议付行 （2）在托收方式下，收款人可以是托收行，均做成指示式抬头。托收中也可将出口方写成收款人（已收汇票），然后由收款人作委托收款背书给托收行

【范本】▶▶▶

跟单信用证项下的汇票
Bill of Exchange

凭		信用证	
Drawn Nnder	**Bank of New York**	L/C No.	**L-02-I-03437**

日期			支取					
Dated	**Sept.30th,2021**		Payable with Interes@	%	按	息	付款	

号码		汇票金额		深圳	
No.	STP01508.8	Exchange for	**USD23 522.50**	Shenzhen	**20**

见票　　　　　　　　　日后（本汇票之正本未付）付交

At   ***   sight of this **SECOND** of Exchange (First of Exchange being unpaid) Pay to the order of   **Bank of CHINA**

金额

The sum of **Say Us Dollars Twenty Three Thousand Five Hundred Twenty Two and Cents**

Fifty Only

此致：

To: **Bank of New York**

     48 Wall Street

     P. O. BOX 11000

     New York, N. Y.10249, U.S.A.   **Shenzhen Goidhill IMP. & EXP. Corporation**

                                               ×××

                                     (Signature)

【范本】▸▸

托收项下的汇票

Bill of Exchange

号码		汇票金额		上海	
No.	**HLK356**	Exchange for	**USD 56000**	Shanghai	**20**

见票   日后（本汇票之正本未付）付交

D/P AT   **90 Days**   sight of this FIRST of Exchange (Second of Exchange being unpaid) Pay to the order of   **Bank of China**

金额

The sum of   **Say Us Dollars Fifty Six Thousand Only**

此致：

To: Mitsubishi Trust & Banking CO., LTD.

     International Department, 4–5   China National Animal by Products

     Marunouchi I–Chome   IMP. & EXP. CORP. Branch

     Chiyoda–KU, Tokyo 100, Japan   66 Yantai Street

                                       Tianjin China

13.2.5　海运提单的准备

运输单据因不同贸易方式而异，有海运提单、海运单、航空运单、铁路运单、货物承运收据及多式联运单据等。我国外贸运输方式以海运为主，由于海运提单是由船公司签发的，因此外贸业务员主要应协助做好，并做好审核工作。

13.2.6　包装单证的准备

包装单证（Packing Document）是指一切记载或描述商品包装种类和规格情况的单证，是商业发票的补充说明。主要有装箱单（Packing List）、重量单（Weight List）、尺码单（Measurement List）。

13.3　审核单证

在各种单证缮制或获取完毕后，外贸业务员应对单证再次全部审核一遍，确保单证的最终质量及安全收汇。审单的要求与制单一样，都应根据信用证、合同条款规定的内容进行准确、全面、及时的审核，达到"单证一致、单单一致"。

13.3.1　审核方法

审核的具体操作方法，常常因人而异，图13-1将审单工作（横审、纵审）大致情况加以概括说明，仅供参考。

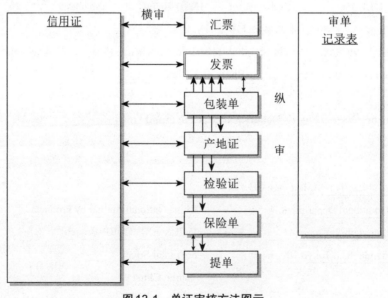

图13-1　单证审核方法图示

13.3.2 具体审核要点

外贸业务员在进行单证的综合审核时，主要从所需单证的份数，单证是否进行了认证，单证之间的货物描述如数量、重量等是否一致，以及单证的出具或提交的日期是否符合要求等方面进行审核。在具体到各种单证的审核时，可参考表13-7所示进行。

表13-7　单证审核要点

序号	类别	审核要点
1	汇票	（1）汇票的付款人名称、地址是否正确 （2）汇票上金额的大小写必须一致 （3）付款期限要符合信用证或合同（非信用证付款条件下）规定 （4）检查汇票金额是否超出信用证金额，如在信用证金额前有"大约"一词，可按10%的增减幅度掌握 （5）出票人、收款人、付款人都必须符合信用证或合同（非信用证付款条件下）的规定 （6）信用证和发票上的币制名称应相一致 （7）出票条款是否正确，如出票所根据的信用证或合同号码是否正确 （8）是否按需要进行了背书 （9）汇票是否由出票人进行了签字 （10）汇票份数是否正确，如"只此一张"或"汇票一式两份，有第一汇票和第二汇票"
2	商业发票	（1）抬头人必须符合信用证规定 （2）签发人必须是受益人 （3）商品的描述必须完全符合信用证的要求 （4）商品的数量必须符合信用证的规定 （5）单价和价格条件必须符合信用证的规定 （6）提交的正副本份数必须符合信用证的要求 （7）信用证要求说明和证明的内容不得遗漏 （8）发票的金额不得超出信用证的金额，如数量、金额均有"大约"，可按10%的增减幅度掌握
3	保险单据	（1）保险单据必须由保险公司或其代理出具 （2）投保加成必须符合信用证的规定 （3）保险别必须符合信用证的规定并且无遗漏 （4）保险单据的类型应与信用证的要求相一致，除非信用证另有规定，保险经纪人出具的暂保单银行不予接受 （5）保险单据的正副本份数应齐全，如保险单据注明出具一式多份正本，除非信用证另有规定，所有正本都必须提交 （6）保险单据上的币制应与信用证上的币制相一致

序号	类别	审核要点
3	保险单据	（7）包装件数、唛头等必须与发票和其他单据相一致 （8）运输工具、起运地及目的地都必须与信用证及其他单据相一致 （9）如转运，保险期限必须包括全程运输 （10）除非信用证另有规定，保险单的签发日期不得迟于运输单据的签发日期 （11）除信用证另有规定，保险单据一般应做成可转让的形式，以受益人为投保人，由投保人背书
4	运输单据	（1）运输单据的类型须符合信用证的规定 （2）起运地、转运地、目的地须符合信用证的规定 （3）装运日期/出单日期须符合信用证的规定 （4）收货人和被通知人须符合信用证的规定 （5）商品名称可使用货物的统称，但不得与发票上货物说明的写法相抵触 （6）运费预付或运费到付须正确表明 （7）正副本份数应符合信用证的要求 （8）运输单据上不应有不良批注 （9）包装件数须与其他单据相一致 （10）唛头须与其他单据相一致 （11）全套正本都须盖妥承运人的印章及签发日期章 （12）应加背书的运输单据，须加背书
5	其他单据	其他单据如装箱单、重量单、产地证书、商检证书等，均须先与信用证的条款进行核对，再与其他有关单据核对，以确保"单证一致，单单一致"

13.4　处理有问题的单证

外贸业务员通过对有关单证的认真审核，对于有问题的单证可根据具体情况做如下处理。

（1）对有问题的单证必须进行及时更正和修正，否则将影响安全收汇。在规定的效期和交单期内，将有问题的单证全部改妥。

（2）有些单证由于种种原因不能按期更改或无法修改，可以向银行出具一份保函（通常称为担保书），保函中交单人要求银行向开证行寄单并承诺如果买方不接受单证或不付款，银行有权收回已偿付给交单人的款项。对此银行方面可能会接受。交单人向银行出具保函一般应事先与客户联系并取得客人接受不符单证的确认文件。

（3）请银行向开证行拍发要求接受不符点并予付款的电传（俗称"打不符

新手学
外贸
从入门到精通

电")。有关银行在收到开证银行的确认接受不符单证的电传后再行寄送有关单证，收汇一般有保证，此种方式可以避免未经同意盲目寄单情况的发生。但要求开证行确认需要一定的时间，同时要冒开证行不确认的风险，并要承担有关的电传费用。

（4）改以托收方式。由于单证中存在不符点，原先信用证项下的银行信用已经变为商业信用，如果客人信用较好且急需有关文件提取货物，为减少一些中间环节可采用托收方式。

13.5　办理交单结汇

外贸业务员在将各类单证准备齐全、准确无误后即可将全套单证送交议付银行，办理交单结汇业务。

13.5.1　交单的方式与要求

交单是指出口商将审核无误的全套单证送交议付银行的行为。交单的基本要求是，单证正确、完整，提交及时，在信用证条件下，应在信用证有效期内交单。不同结算方式下的交单如图13-2所示。

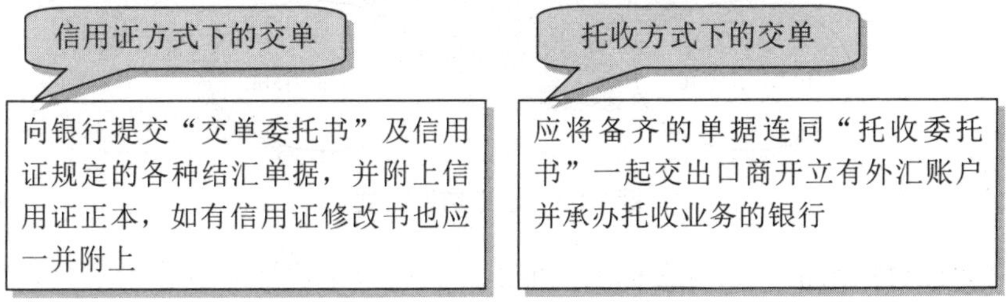

信用证方式下的交单

向银行提交"交单委托书"及信用证规定的各种结汇单据，并附上信用证正本，如有信用证修改书也应一并附上

托收方式下的交单

应将备齐的单据连同"托收委托书"一起交出口商开立有外汇账户并承办托收业务的银行

图13-2　不同结算方式下的交单

交单方式有两种，如表13-8所示。

表13-8　交单方式

序号	交单方式	说明
1	两次交单或称预审交单	在运输单据签发前，先将其他已备妥的单据交银行预审，发现问题及时更正，待货物装运后收到运输单据，可以当天议付并对外寄单
2	一次交单	在全套单据收齐后一次性送交银行

由于二次交单时货已发运，银行审单后若发现不符点需要退单修改，耗费时日，容易造成逾期而影响收汇安全，因而出口企业宜与银行密切配合，采用两次

交单方式，加速收汇。

温馨提示

　　交单时应注意确保单据的种类和份数与信用证的规定相符；单据内容正确，包括所用文字与信用证一致；交单时间必须在信用证规定的交单期和有效期之内。

13.5.2　结汇的方式

　　信用证项下的出口单据经银行审核无误后，银行按信用证规定的付汇条件，将外汇结付给出口企业。在我国的出口业务中，大多使用议付信用证，也有少量使用付款信用证和承兑信用证的。主要结汇方式有三种，如图13-3所示。

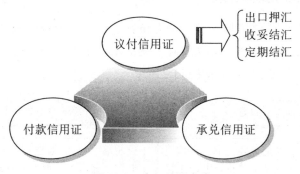

图13-3　出口结汇方式

　　（1）议付信用证。议付又称出口押汇。议付押汇收取单据作为质押。按汇票或发票面值，扣除从议付日起到估计收到开证行或偿付行票款之日的利息，将货款先行垫付给出口商（信用证受益人）。议付是可以追索的。如开证行拒付，议付行可向出口商追还已垫付的货款。

　　议付信用证中规定，开证行对议付行承担到期承兑和付款的责任，《UCP 600跟单信用证统一惯例》规定，银行如仅审核单据而不支付价款不构成议付。

　　我国银行对于议付信用证的出口结汇方式，除上述出口押汇外，还可采用另外两种方式，一种是收妥结汇，即收到单据后不需做押汇，将单据寄交开证行，待开证行将货款划给议付行后再向出口商结汇；另一种是定期结汇，即收到单据后，在一定期限内向出口商结汇，此期限为估计索汇时间。上述两种方式，对议付银行来说，都是先收后付，但按《UCP600跟单信用证统一惯例》规定，银行不能取得议付行资格，只能算是代收行。

　　（2）付款信用证。付款信用证通常不用汇票，在业务中使用的即期付款信用证中，国外开证行指定出口地的分行或代理行为付款行，受益人径直向付款行交单。付款行付款时不扣除汇程利息。付款是不可追索的。显然在信用证方式中，这是对出口商最为有利的一种。

（3）承兑信用证。承兑信用证的受益人开出远期汇票，通过国内代收行向开证行或开证行指定的银行提示，经其承兑后交单。已得到银行承兑的汇票可到期收款，也可贴现。若国内代收行愿意需做出口押汇（议付），则出口商也可立即收到货款，但此时该银行仅以汇票的合法持票人向开证行要求付款，不具有开证行所邀请的议付行的身份。

13.5.3　交单结汇的流程

交单结汇的流程如图13-4所示。

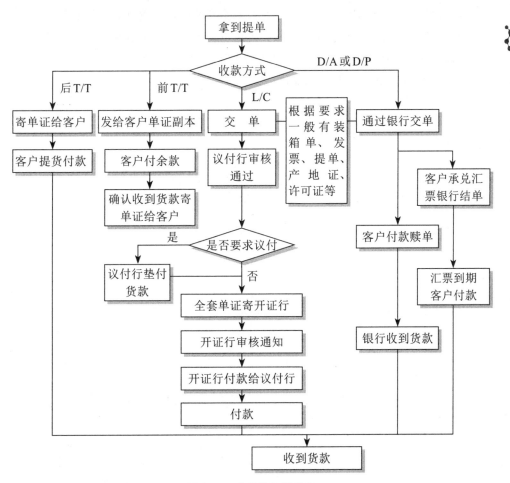

图13-4　交单结汇的流程

13.6　处理不符点

不符点是开证行审核出的议付单证与信用证要求不符的一点或者几点错误或者疑义，或者是议付单证之间不相符的一点或者几点错误或者疑义。如果在交单时发现不符点，可以采取以下方式处理。

13.6.1　及时修改

发现有不符点，凡是来得及并可以修改，外贸业务员就直接修改这些不符点，使之与信用证相符，从而保证正常议付货款。

13.6.2　通知客户确认

在议付行交单时发现有不符点，但已来不及修改，或单证到开证行被发现有不符点，此时已无法修改，外贸业务员则可以通知客户（开证申请人，也就是进口商），说明单证出现的不符点，请其来电确认接受不符点，同时找开证行表示接受单证的不符点，则仍可以收回货款。

新手学
外贸
从入门到精通

 导言

　　外贸新手经过一段时间的业务入门实践之后，要有目标地提升自己的业务能力，使自己的业绩不断攀升。一个人之所以优秀，与其关注工作中的细节有很大的关系。本部分主要介绍一些外贸业务员的工作细节，及外贸业务中可能遇到的风险和防范措施，以期自己的业绩不断攀升，使自己的外贸订单不至于陷在风险中给企业带来损失。

第三部分　外贸业务提升期

新手学 **外贸** 从入门到精通

第 ⑭ 章

让业绩不断攀升

14.1 让客户信任你的专业

外贸业务员必须具备专业素质。只有专业，对产品熟悉，对流程熟悉，在主动出击或是收到客户的询盘时才能有的放矢。而要具备这些专业的素质，外贸业务员就必须深入车间和市场去了解工厂或销售的产品，包括成品的规格、价格（各种价格条款下的价格，包括人民币和美元）、材料及性能和特性，还有与同类产品的不同之处。

🌐 **实例 ▶▶▶**

一次一个客户询盘，刚好是外贸业务员小罗工厂类似的产品，小罗很快就回复过去了，客户也很快给予了回复。随着沟通的深入，客户也开始提出一些细节性的问题，但因为小罗没有完全了解到客户的需求和意图，而像挤牙膏一样，客户挤一点，小罗倒一点，到后来，倒是客户的资料比小罗的更详尽。最后客户只好对小罗说抱歉。本来客户认为小罗的反应很快，回复看上去也比较专业，应是很有希望合作的。

因此，外贸业务员在给客户的询盘进行回复时，除了要及时外，还要尽可能详尽，要将客户可能要问到的问题（常规的有产品规格、单价、用料、装箱资料等）准备好答案，还要准备产品的用途、材料的规格、有无特殊性（如布料的材质、规格、是否防火等）以及使用的注意事项等。因为你现在的询盘客户并不是最终的客户，有些客户可能对这一领域并不熟悉，所以你的资料越详细越能够使客户节省时间和精力，同样也能给自己节省时间，因为如果客户有不清楚的地方，肯定要进行询问。

专业素质体现在以下几个方面。

（1）对本工厂的产品非常熟悉，对生产流程有详细的了解，对产品品质能够准确做出判断，对产品的主要材料有一定的了解，能够独立准备一份公司产品目录供人参考，能够草拟一份专业的报价单，熟悉工厂运营方式的组织机构构成。

（2）对竞争对手的产品有相当的了解，对从事的行业有一个正确的了解，对国外的同类产品有一个详细的了解。

（3）对相关的产品测试标准有完整的了解，还需要了解到公司的产能和技术等。因为有时客户的询盘，绝大多数是与现有的产品不同的，可能涉及相应的技术和材料。如果轻易答应客户，却迟迟交不出产品或样品，对公司的信誉是一种影响，也会让客户对你的能力和工厂的实际能力产生怀疑。

 **实例** ▶▶▶ ···

某公司有个业绩为1200万元/年（毛利）的优秀员工，在参展时，他可以说出公司产品的材质及成分。因为该公司是做清洁用品的，如何区分产品的材质和特征是他的专长。而且因为该公司很多产品都是海绵制品，只要是本行业相关的海绵，经他一摸，他就可以知道大概的密度，而且是八九不离十的。

最让人惊奇的是，他连公司的竞争对手也了如指掌，比如哪家生产什么样式的海绵刷，哪家只产海绵不产百洁布，哪家产品主要销往欧美市场或是日本市场等，他都一清二楚，心知肚明。

···

（4）能够从客户的语气里判断出客户的意图；能够对客户的来访提前做出接待安排，能够独立带领客户参观工厂，能够巧妙回答客户的问题；能够独立向客户介绍产品、公司，并且正确、专业地回答客户提出的问题。

（5）对出口货物操作有实际的经验。

（6）对出口货物包装及标志有专业的设计观念，确保符合出口货物的需要。

14.2 了解产品销售市场

"知彼知己，百战不殆。"如果说了解工厂的产品还只是一个点的概念的话，那么了解市场就是一个面的概念了。因为只见树木不见森林的做法，是无法让自己在众多厂家的竞争中脱颖而出的。有经验的外贸业务员对市场的了解通常可以达到如数家珍的地步，有些特别优秀的外贸业务员甚至比其竞争对手还了解他们的产品。

14.2.1 了解市场的益处

外贸业务员对市场进行充分了解有以下益处。

（1）通过对比市场上同类产品的价格、质量、规模等信息，可以给本企业产品一个清晰、准确的定位，了解本企业产品的特点、优势、劣势等，从而在与客户进行商贸谈判时做到心中有数，胸有成竹。

（2）如果你是在专业外贸公司从事外贸业务，了解市场的整个形势和现状将使你在选择供货商时有更大的余地，能为客户找到更多物美价廉的产品。

（3）如果对市场情况比较了解，对竞争对手的情况也比较熟悉，那么在与客户讨价还价的过程中，就会掌握更多的主动权，谈判起来就会更加自信。因为你清楚地知道，除了你，你的客户找不到更加物美价廉的产品了，他之所以还在和你讨价还价，只不过是想看看有没有争取更低价格的可能性罢了。

14.2.2　一定要作比较和分析

外贸业务员通过接触产品和工厂，对自己所做的业务有了进一步的认识。同时，通过对销售市场的一点感性认识，知道了哪些人在生产，哪些人在购买或发出需求，甚至也知道了几个中国的公司、外国的公司和联系人了。这时，要做的工作就是分析和比较。分析和比较的内容为，竞争厂家的特点，自己的特点，价格有没有优势，优势是什么，不足是什么，价格为什么比别人高，服务内容有什么变化等。

所有买家都希望买到物美价廉的产品，但若客户看到价低质次的产品，他也不会购买。人们在购买时还是愿意选择高质量的产品，尽管价格高，但性能价格比更合算。所以，遇到这样的客户，外贸业务员就应该表明自己产品的特色和优点。比如品质好，用材好，成本就比较高；技术含量高，技术人员水平高，人员工资也比一般的高。这样陈述，客户也会对价格高予以理解。

14.3　掌握最新最全面的行业内的信息

行业内的信息对于外贸业务来讲也是很重要的。今时不同往日，信息已经不是少数人才能知道的秘密，同一种产品，随便搜索一下可能就有上千家公司在生产，邮件群发一次便有无数人能够知道客户的采购意向。要在众多竞争者中脱颖而出，你必须比别人更善于分析和利用信息。

外贸业务员必须对自己的产品在行业内的地位、自身产品的优劣势、行业的发展方向等有充分了解，才能百战百胜。除了一些通用的信息之外，还要特别注意一些独特的信息，例如产品所需要的认证、行业内的展会、竞争对手的新产品发布会、同行业的价格趋势、退税及不同客户的关税、行业内被淘汰的产品型号、客户所在国家的局势等，如果只想做个普通的外贸业务员，可以每天只收发一下邮件，写写开发信，在MSN上聊天，但是如果想做一个外贸"牛人"，那就一定要好好花点工夫，研究一下你的产品、你的行业、你的客户和你产品的消费群体。

14.4　每天有计划地殷勤做工

14.4.1　每天应殷勤做的事

（1）收发邮件。业务员每天至少4次收发邮件，上午和下午各2次，多多益善。尽可能快速地回复邮件，如果你不能解决客户在邮件中提出的问题，那就简单地回复说"邮件已经收到，我将尽快处理"，这会让客户知道你已经重视了他的问题，可以让客户安心等待你，而不会再去寻找更多的其他买家。

为了与客户同步，晚上加班是不可避免的，这是解决时差最佳的办法，可以有效加快沟通的频率，抢占先机。

（2）做好客户信息管理工作。业务员应该寻找一个合适的客户管理方法，如果实在找不到，使用Excel表格也可以。将所有收到的客户信息及时记录下来，并且做好客户要求的分类工作，特别是客户的询盘内容，以方便你的跟踪。记住：客户的询盘就是客户订单的前奏，随着你的信息积累，你就会发现适合你的客户和产品。不要忽略小客户，任何客户都是从小做到大的。做外贸就一定要培养回头客，忠实的客户甚至能传代（你做过1年下单1000万美元的客户吗？如果你做过，你就知道这样的客户轻易不会背叛你）。

（3）花20分钟浏览一些外贸商务网站。业务员应主动到相关商务网站里寻找买家，如环球资源、阿里巴巴等。业务员在浏览网站时，要有针对性，善于使用搜索的功能。同时记住，要对你认为有价值的信息进行记录，这些信息很可能会让你走向成功。

（4）花10分钟在商务网站上发布一条商业信息。虽然效果不是很好，但是也花不了多少时间。如果你更新得快，产品信息就会出现在目录的首页，说不定会有所收获，坚持去做一定会有收获。

（5）坚持给老客户或者潜在的客户发送公司的最新产品信息。只要客户没有明确拒绝，业务员就应坚持给客户发送一些你认为客户会感兴趣的新产品资料，坚持就会有回报。据统计，开发1个新客户所花费的费用相当于维持10个老客户所花费的费用，在开发新客户的时候一定不要忽视老客户的维持，毕竟老客户是你"生存的基础"。

（6）花5分钟浏览一下你所有的客户资料，寻找客户的"吉祥日"。业务员可以在节日（或客户生日）的时候给客户发送卡片祝福，客户会觉得很亲切，如果这个客户从来没有做过生意，他更会觉得你很有人情味，愉快的合作意向就会因此而产生。使用合适的管理软件，这个工作仅会让你花费5分钟时间。

（7）花1个小时浏览所有执行中合同的进度及跟进情况。你的所有合同应该被科学地管理，而不是散乱在个人的计算机中，或者零星地藏在你计算机的某个角落。如果使用了正确方法管理你的合同，你就能快速查询到所有执行中的合同以及这些合同的执行进度。坚持定时浏览这些合同情况，往往你就能发现隐藏的问题，比如交货期和条款欠缺，让你避免重大损失。

（8）花1个小时和管理人员讨论市场情况。你应坚持例会制度，参加相关管理人员的会议，这个会议通常不需要很正式场所，往往就在经理的办公室里。业务员及时提交业务问题，分析原因，总结经验，完善工作制度，让工作更简洁高效。一个有效率的企业一般每天都会抽出些时间开会，来总结前一天的工作，做会议记录，业务员提出问题，由经理或高层领导来进行解决，同时也给大家足够的交流时间，培养团队精神和竞争意识。建议要结合公司的实际情况进行。

14.4.2　工作要有计划有重点

外贸业务员每天进入办公室，第一件事就是要查看一下每日工作计划表，看看昨天的工作有哪些没有完成。

外贸业务是一项连续性的工作，比较辛苦，但贵在坚持。对于昨天没完成的工作，大致考虑好今天安排在哪个时间完成。然后开始计划今天的工作内容。有些业务员工作没有计划性，想到什么做什么，忙得不可开交，但却没有去跟进客户。业务员若想要提升自己的业绩，就必须按照每天、每周、每月、每季度计划好工作。

（1）先列清单。每天先把要做的事情列出，然后添加到每日工作计划表中。根据事情的性质分为四类：重要不紧急，重要且紧急，紧急不重要，既不紧急也不重要。优先处理重要且紧急和重要不紧急两类事情。

（2）给工作分类。重要不紧急的事情有开发新客户，跟进未成交客户，研究目标市场，学习更多的产品知识，汲取更多业务经验，和客户建立信任，制订销售计划和工作目标，改进与供应商的关系等（一切对你未来业绩提升有直接关系的事务）。

重要且紧急的事情有跟客户谈判，催客户尾款，给意向客户报价，给客户做PI（Proforma Invoice，形式发票），准备样品（维持你现有的业绩的事务），完成工作计划。

紧急不重要的事情有其他部门要求你配合的工作，领导交代的非业务性工作。很多事情看似很"紧急"，实际上拖一拖，甚至不办，也无关大局。业务员要学会委托或分配这些事务交给助理、跟单员甚至新业务员去做。

既不紧急也不重要的事情有娱乐、上网、闲聊、消遣。

温馨提示

你每天做的工作内容，只有20%会和利润有直接联系；用20%的成本去维护老客户，将会得到80%的收益。

14.5 多渠道挖掘客户

外贸业务员要主动出击，通过各种渠道、利用各种方法挖掘客户。

别指望每天坐在计算机前发发邮件就能马上找到客户，你必须要扩大找客户的渠道和方法，例如通过Skype、Facebook、Google、B2B平台、展会、中国广东国际商品交易会（以下简称广交会）买家数据，或者是通过海关数据找客户。同时你要有坚持力，你要有恒心和不成功绝不罢休的信念，只要你用心找了，总会得到意想不到的收获。

当然，要想与进口商成交，最高效、最直接、最有效果的方法就是参加广交会等各种进出口展会。其他的方法就是通过各种渠道去找客户或者让客户找你。

14.5.1 让客户找到你的方式

（1）购买B2B网站的会员，就像阿里巴巴国际站、敦煌、全球资源等，这自然就是在办公室里坐等询盘的到来，这种办法最简单，但是花费却不小，而且平台里同行竞争很激烈。

（2）购买相关搜索引擎的产品关键字排名，比如Google关键词排名等。需要对你的产品做SEO（搜索引擎优化）的分析和规划，并有的放矢地选好关键字、定好价格，而且要求你的网站做得很专业。但是这是很"烧钱"的方式，而且效果还是未知，不建议新手采用这种方式。

（3）花60元左右买一个带有你们出口产品关键词的域名，再花100元左右买一个国际空间，自己或者让专业做网站的公司做一个全英文外贸类型的网站，再通过SEO优化到Google首页。

这样，让国外买家在Google上搜索产品关键词从而进入你的网站，向你询价到获取订单，这种方式花费比较少，自己做网站费用也不高，效果非常不错。

（4）将你公司的产品信息、联系详细信息、网站网址都登到黄页性质的网站中，如Yahoo等网站，但是效果很一般。但是对你们网站的排名确实有很好的促

第14章 让业绩不断攀升

进作用，有自己网站的业务员要多做这种链接。

14.5.2　主动开发客户

（1）开发客户要学会变通思维。大部分B2B网站客户联系方式对免费会员是保密的。但也有一些B2B网站会提供一些买家信息，如提供买家公司名称和联系方式等。

得到这些信息后你就可以在Google或者Yahoo等英文搜索引擎上把这个客户的企业名称输入搜索框内进行搜索，查找客户的其他资料，如E-mail、网站等，你会从中有很多意外收获。

（2）利用互联网向外贸同行业高手学习开发新客户。很多外贸新人总是抱怨没有老业务员"传帮带"。其实不只是你没人带，所有的外贸新人都是没人带的。但是最重要的还是要靠你自己开动你的脑筋，在网上找外贸老师学习。

比如，把你的出口产品关键词放到Google中搜索，你肯定能搜索到很多同行发表的文章、PDF文件、网站等。

那你就找出几个同行中比较大的公司，外销做得像模像样的公司，仔细研究他们的网站、文件、网站的外链等。

你会发现他们都注册了很多B2B或者其他外贸网站，这样，你也可以按照这些公司的方式，并学着他们对产品的描述和对产品图片的处理方式，并按照他们的足迹进行注册，链接你自己的网站到他们链接过的那些网站上。

（3）高效利用Google搜索寻找客户。在Google上只要用心去找客户一定会有你要找的客户。利用Google的各种搜索小技巧如下所示。

① 利用Google图片搜索。就是利用Google上面的Images搜索，输入你的产品名称关键词，就会搜出来很多图片，然后点击图片进入那些网站，从而判断这个公司是进口商还是批发商。你经过仔细研究，最后发开发信。

② 利用Google地图。这个方法就是利用Google上的Maps搜索你的产品名称的关键词和你想开发的国家，可以找到一些这个国家与该产品名称关键词相关的公司的网站。

③ Google网页搜索。在Google搜索框里输入你出口产品关键词再加上Importers、Wholesalers、Buyers等词。这种方式有时候会搜索到很多B2B网站，如果你不想搜索B2B网站，你可这样搜索，如你是做LED路灯的，你就搜索 LED Street Light–Alibaba，这样搜索结果里就排除了阿里巴巴国际站。

④ 利用文档搜索找客户。在Google中点击高级搜索，在文件格式中选择pdf、

xls、ppt中的一种格式，搜索关键字写你产品名称，就可以搜索到很多有用的资料。仔细阅读这些文件，里面有公司介绍、产品介绍、进口产品、联系地址等，你就可以有的放矢地写开发信了。

（4）购买广交会的采购商数据包、海关数据包，这个效果也是非常好的，这也是见效快、投资少的好方式。

广交会买家数据/海关数据应该是最真实的客户信息，一般广交会或海关提单中包括进口商和出口商的信息、货物的详细情况等。

（5）下载安装Skype，注册并登录。Skype是一款即时通信软件，其具备IM所需的功能，如视频聊天、多人语音会议、多人聊天、传送文件、文字聊天等功能。你在Skype里面搜索联系人的时候写上你产品的关键字，能搜到和你产品关键字有关的外商，也就是你的目标客户。但是请不要贸然地在Skype中去和他们聊天，你可以搜索他们的资料，找到他们的邮箱后再发开发信给他们。

14.6　必须掌握公司的价格信息

当你与客户谈价格的问题时，客户讨价还价的情况是肯定要发生的，如果你对公司的价格政策和最低价格掌握不好的话，就很容易因为该降价时没有及时降价而丢失客户。

所以你要对公司的报价有一个大体的把握，知道报价在哪个水平时比较容易接受。还要关注公司报出的最低价格，如果是出厂价，就代表这是公司能接受的最低价格，与客户谈价格时你就要把握好这些。

同时注意公司其他业务员成交的价格，这些成交的价格就是你谈价和报价的重要参考值。

14.7　用耐心、礼貌赢得客户信赖

耐心、礼貌是做业务最重要的细节，不管是内贸业务还是外贸业务，这点都最重要。外国朋友通常很注重礼貌、诚信，做到耐心、礼貌，这些客户才可能信赖你。须注意以下几点。

（1）给所有来往客户编号入册。别遗漏了客户，客户信息必须尽量完善，对客户的了解也是对客户的尊重。

（2）根据客户的购买意向深度对客户划分层次。不同层次的客户需要花不同的精力，针对意向很大的客户必须紧密跟进、重点关注；意向不大的客户适合持续跟进。这样做就会分清主次、有条不紊，否则盲目跟进也徒劳无功。

（3）定期跟进客户。礼貌地给所有客户发邮件，可以三天跟进一次，一周跟进一次，一个月跟进一次，久而久之，客户就可能会被你感化，从而信赖你，就成为你的忠实客户了。

14.8　回复客户邮件前详细分析客户

当收到客户的询盘后，先别急于去回复邮件，在你对客户完全不了解的情况下回复客户，这样的成功率往往非常低。因为你不了解客户询问的意图，不了解产品，不了解行情，太多的不了解导致客户问你几个专业性的问题而你回答不了。

没有几个客户愿意与一个什么都不懂的业务员合作，因为这样太没有安全感了。所以在回复邮件之前你要详细分析客户，了解客户的更多情况，只有做到知此知彼才能有的放矢地回答他的询价，这样更有利于订单的促成。

14.9　掌握一些外贸业务工具

14.9.1　邮件客户端的使用

大家都知道，潜在客户不但是你的潜在客户，也是成千上万个供应商的潜在客户，在你给他发邮件时，别人也会给他发邮件。那么，怎样让你的邮件出现在前面，让其发现，尤其是国外有时间差的国家，这点显得尤为重要。

这个时候你可以用邮件标题的写法、设置邮件高优先级标签等功能吸引他。所谓设置邮件高优先级标签，也就是客户收到邮件后左边会有一个红色的提示感叹号。这个在Foxmail写邮件里面"选项"点击"邮件优先级"即可。

对于邮件客户端，每个业务员都有自己的选择，有些人喜欢用Outlook Express，有些人喜欢Office的Outlook，也有些人喜欢用Foxmail，还有少数一部分人喜欢用网页收发邮件。在这里推荐大家用Foxmail。

Foxmail相比较其他两个客户端的好处如下。

首先，你可以创建很多签名，把很多不同版本的开发信做成签名，然后针对不同的客户，在写开发信时选择插入不同的签名直接发送，非常方便。

比方说，你可以建立专门针对某一行业产品的不同开发信版本，然后还细化到具体哪些产品，如专门针对儿童服装的，专门针对玩具的等，使用起来就方便多了。

另外，相比在Outlook Express上搜索一个客户的邮件时需要在搜索栏输入客户邮箱或者名字才能搜索，而在Foxmail 7版本上搜索时，则可以直接在邮件上点击鼠标右键，然后在菜单里有个"查找来自×××的邮件"，就会立即列出这个客户的所有邮件，这是很方便的。

另外，如果业务员平时工作时经常反思和总结，可以把很多想法都做成签名，然后每次回复的时候，插入签名再发送，这种方法非常便捷。

Foxmail里面可以设置很多个邮件签名，可以根据情况，把不同的邮件内容写进去，作为邮件的签名。

例如，需要回复不能及时交货的时候，插入邮件签名"不能及时交货——原材料原因"，注意，签名里面是具体的已经预先设定好的邮件内容，这样就会大大提高自己的工作效率。

14.9.2　即时帖

即时帖也就是我们常写在一些便签条上的信息。作为一个外贸业务员，想提高工作效率，自制能力非常重要，所以要把每天要做的事写下来，贴在显示器下方或者其他任何你随时都可以看得到的地方，以此提醒自己。没有完成的时候，你会觉得显示器下面那几张黄色的小贴特别刺眼。完成之后把它取下，贴在一个专门的笔记本上，每完成一个都取下贴到笔记本上。

随着你笔记本上的即时贴越来越多，你就会感觉到自信心在提升，工作效率在提高。最重要的是，你的拖延症也因此缓解。

14.9.3　计算机文件夹和记事本

业务员每天要面对许多客户资料和订单，还有自己产品的相关信息，这些资料一般都要存到计算机文件夹中，所以要合理地利用文件夹功能。

首先，在打开文件夹时，建议点选一下地址栏D：/上方的"文件夹"按钮，使之保持左边显示树状结构，避免很多返回上级等操作。

另外最好清空一个盘，如F盘，把它完全当作客户资料盘。

然后根据不同的市场建立文件夹，如北美洲、南美洲、中东、欧洲、亚洲5个文件夹，然后在"北美洲"文件夹里面再建立一个公司名称的文件夹，如"AAAGROUP"，之后再根据订单的年份分为2019年、2020年、2021年等。进入年份文件夹后，再逐个建立包装资料、客户PO、形式发票、采购合同等。然后建立两个"TXT"文本，一个是"到款记录"，一个是"快递单号记录"。虽然前期工作量稍大，不过可以复制操作，用熟之后就会非常方便。

除此之外，业务员最好还准备一个随身带的小记事本，用来写下客户询问的内容，因为研究客户的询问内容很重要，可以据此了解客户的心理，也可以在客户下次询问的时候，知道怎样去回复他们的问题。

14.9.4 方便快捷的报价利润核算表

作为业务员，都会遇到客户要报价的邮件，有的一天能收到很多这种要求，这时如果每个报价单都一个个去做，精力再旺盛也吃不消。时间长了还会对工作产生疲劳感，失去激情。因此需要一个高效、方便、快捷的报价利润核算表格来帮助我们简化报价前的工作，最好填上采购价、退税率、汇率等一些基本的数值，就能给出报价的参考意见。

现在，只需按照表14-1填上采购价、退税率、汇率、数量等，就会显示出不

表14-1　外贸报价核算表（自动计算）

工厂单价（含13%增值税价）				元/每单位		
数量		每单位				
国内费用：	总计（元）	报关费	核销费等	本地港杂（含拖车费）	快递费	
银行手续费	确认费率	L/C（0.25%）	D/P（0.15%）	D/A（0.17%）	T/T（0.1%）	手续费
						0.25%
利润（已计入出口退税收入）：						
现安全汇率：						
海运费：	美元：					
	元：					
单位平均海运费：	美元：					
	元：					
总保险费率：	总计	一切险	战争险			保险费
			估计盈亏金额：		元	
FOB报价＝工厂单价＋国内费用＋银行手续费＋利润						
FOB价：						
CFR报价＝实际成本＋国内费用＋海运费＋银行手续费＋利润						
CFR价：						
CIF报价＝实际成本＋国内费用＋海运费＋保险费＋银行手续费＋利润						
CIF价：						
佣金价						
CIFC5%：						

注：自己根据计算公式的逻辑关系在Excel表格的相应栏中设计计算公式，计算的时候只要输入具体的数字，结果就自动计算得出。

同利润率下的价格，价格都填写好后即可查看总体利润。除此之外，你还可以按照自己的想法不断修改价格，调整不同的利润率，最终得到一个你想要的合理的总利润。另外，还有一些功能你可以认真研究。

14.9.5　订单明细表和在手未出货统计表

业务员在开发客户时，一定要把准备工作做好，因为当你业务不多的时候，你可以同时服务三四个客户。但是当订单量和客户群快速增加时，就需要一个规范的详细的系统化的表格来记录，这样就不会手忙脚乱，一清二楚，要不会忙一个订单而忘了另一个订单货要出货了。相关表格见表14-2和表14-3。

表14-2　订单明细表

编号	外销合同号	业务编号	合同金额（美元）/元	收入				支出								此票利润	装船日期	美元换汇成本	利润率
				汇率	营业收入（人民币）/元	退税收入（人民币）/元	其他收入（人民币）/元	货款金额（人民币）/元	银行扣费（美元）/元	银行扣费（人民币）/元	客户佣金（人民币）/元	赔款（人民币）/元	港杂费（人民币）/元	工厂运费（人民币）/元	海运费（美元）/元				

表14-3　未出货订单统计表

截止到　　　月　　　日

业务编号	PI编号	客户名称	订单金额（美元）/元	贸易条款	PI签订日期	合同交货期	实际交货期	船期	产品概况	箱型	供应商	本月预计出口利润（人民币）/元
	总计											

14.9.6 利用"按键精灵"发布产品和发送邮件

很多业务员每天都对发布产品信息很头疼，但不发布，产品曝光量少、产品排名低，点击率、询盘等都没有。每天又只有8小时的工作时间，都要靠自己手工重复发布和优化产品，还有很多询盘邮件、用户报价、样品寄送等，每天的时间都浪费了还没效率。以下介绍一个工具供业务员使用，以提高自己的效率，这个工具就是"按键精灵"。

"按键精灵"是一个模拟鼠标、键盘动作的软件。通过制作脚本，业务员可以让"按键精灵"代替双手，自动执行一系列鼠标、键盘动作。"按键精灵"简单易用，不需要任何编程知识就可以做出功能强大的脚本。需要业务员在计算机前用双手可以完成的动作，"按键精灵"都可以替代完成。

以下简单介绍一下原理：用Excel文档建立几个表格，模拟成一个"Excel数据库"。然后根据更新或者发布产品页面的每一项需要填写或改动的内容，在单元格中填入不同的内容。建立好模拟的Excel数据库后。用"按键精灵"完整地记录一次更新产品或者发布新产品的鼠标动作。之后设置好循环完成类似任务。

做这样一个工作，前期主要是要不断丰富你的"Excel表格数据库"中的记录。

14.10　详细做好各项记录

外贸工作，不仅需要你有灵活且强大的开发客户的能力，还需要你能熟练地使用办公软件进行工作的记录和总结。否则埋头苦干一阵后发现，你给客户发过什么资料、聊过什么信息、打电话获得什么信息、客户对每件事情的反应等，都没有记住，自己的哪个客户发展到了哪一步也完全一片混乱。有些业务员会说，我就是业务员，就负责开发客户，这些文档是助理和后勤需要做的，这个想法肯定是错误的，你的客户，只有你自己上心，才能拿到订单。其他人再怎么上心，客户也不会给你订单。

以下介绍哪些记录工作可以使外贸业务员的工作效率得到极大提升。

14.10.1　客户档案表格

客户档案表格也就是客户信息列表。这份表格需要清晰地将客户分类，可以按照客户的来源、规模、类型、重要程度、发展阶段等进行清晰明了的分类整理。客户信息列表需要包含客户的主要信息、基本简介、联系人和联系方式、进展记录等。

14.10.2　快递、样品、收付款等细节

快递和样品细节很重要，因为你的订单和你寄给客户的样品息息相关，很多产品的下单需要非常依赖样品的确认。如人造草坪，需要完全和样品的色号、原料规格等一模一样，否则半点差错就会造成整个订单被做错。所以这个记录必须包括样品的种类和细节、照片、快递单号、寄样时间和收到时间、寄件方式、付款方等，所有一切需要记录的细节，单独整理一个表格，用于记录这个资料，这也是你后期跟进客户的主要依据。

收付款细节记录就很好理解了，主要是记录收付款的细节，比如客户应付金额和到账金额、手续费、时间、付款水单等，以备后期及时发现异常问题，如手续费突然异常、到账时间异常等。也有助于你统计每个客户的合作金额、业绩完成金额。

14.10.3　客户沟通详细记录表格

邮件往来详细记录，每一封都要全部记录下来，包括简短的回应。邮件原文+翻译，截图+输入文字。客户多了，管理就很麻烦，但是客户越多，业务员越需要把这份工作做好，否则你很快就会混乱，想查询某封邮件中的某一段话，若是没有详细记录，可能就需要把所有的邮件全部搜查一遍。有的客户来往邮件多达几百封甚至上千封，找一次则浪费很多时间。

除了邮件，每次和客户在线聊天、打电话的内容，也全部要归纳整理，将原文截图，翻译成中文，记录在你的表格里，每个客户单独一份表格。时间久了，有的客户消沉一段时间突然又联系你时，只需要拿出这份表格，全部看一遍，就会对客户的情况及彼此之间沟通的信息了如指掌。

14.10.4　来访客户的总结和记录

每次接待客户之后，业务员都应写一份接待总结。尽可能地记录每一个问题和客户的反应，越能高度还原，这个记录越有效。外贸业务员不要高估自己的记忆，接待客户后，最好在2天内整理好。如果全靠大脑记忆，在客户第二次来访时，你就已经记不清上次你们谈判的具体内容了。尤其对于客户来访比较频繁的公司，一个月接待好几波客户，不记录的话，这几波客户的信息就很容易混淆。

而且记录的时候尽可能记录每个问题，详细记录有助于自己全面判断这个客户的性格、做事风格、隐藏的情绪、对产品的细微反应。有时候，一句话就可以侧面反映客户的心理活动，一个细微的动作即可验证你的猜想。

有一次，业务务小李帮同事接待客户，当时她充当陪同人员，记录会谈内容。会议结束后，这个同事是主要负责人，2小时的谈判，他记录了2页纸，小李则记录了14页纸。客户对小李说："有问题问你就行了，因为你一定记下了所有的信息。"尽管客户一直没看小李，但是他注意到了小李并且认可了小李的这份记录。

14.10.5　每日工作记录

其实工作日程记录应该是在早晨来到公司要做的第一件事。这里说的是，你每天的完成情况，包括日程内容、开发情况、反馈情况、询盘情况等，只需要你花费不到5分钟时间，就可以总结出来。但是这份数据日后可以作为工作总结的重要凭证，可以分析出来，工作中欠缺的是效率，还是工作量，还是回复率。

14.11　成为兼多职能的全才

同为外贸业务员，在不同的公司有不同的职责，可能是专一的，也可以是多种职能兼为一体。外贸公司的业务员多为全才——业务、采购、单证、跟单、验货一体化。要想真正做好这种业务，就必须调换一下学习的步骤：验货-跟单-单证-业务-采购。

之所以把验货放在最前面，是因为验货能使外贸业务员掌握产品的关键点（客户最在意产品的部分），不了解产品就没办法做得专业，做不到专业就没办法说服客户，自然后续工作也是很难进行的。

跟单是外贸业务员与工厂有直接交流和沟通的一种最好的方式，也是了解产品的各个程序、懂得产品的基本原理、掌握价格的构造、提高自己的议价能力的一个重要途径。严谨的跟单可以保证货物的质量及交货，减少很多不必要的麻烦。

单证可以考验一个外贸业务员的基本功，在没有独立的单证部门为你提供服务的时候，你如果能够做出漂亮的单证，也可以减少很多麻烦。在这一过程中，小到度量衡换算、货值，大到和船务、海关的沟通关系都是不能马虎之事。尤其是L/C付款，如果做不到单单一致、单证相符，哪怕其他细节再完美，也无济于事。

能做好验货、跟单和单证的人再来做业务，上手要快很多。了解了产品的属性，可以说是产品上的专业人士；了解跟单和单证，可以说是业务上的专业人士。

至于采购，如果在有订单的情况下，能够采购到性价比最高的产品，才会给公司带来更多利润。通过采购时候的对比，外贸业务员对于产品和行业趋势都将有更好的了解，对后续业务工作的开展更有很大益处。

第 ⑮ 章

外贸业务风险防范

国际贸易与国内贸易最大的区别在于国内贸易和跨国贸易，交易中我们会遇到很多的风险，如汇率变化、运输变化、收款变化、国家政策变化等，都随时可能影响着我们的交易。

出口业务有着较为复杂的流程，从客户询盘到最后业务的完成，需要许多环节作为支撑；而在众多的环节和步骤中，任何一个小的细节都有可能遇到不确定因素。当不确定因素存在于合理的范围并且处于可控条件下时，对企业或者公司都不会产生较大的影响；但是当不确定因素超过系数范围，并且朝不预期的方向发展时，就变成了风险，这时，风险的大小则会给企业带来相应的危机和影响。

出口业务中，许多因素都有可能最终发展成为风险，其中包括了合同形式或者内容的不完善，具体的合同条款存在漏洞或者缺陷，制定不够严谨，履行合同的过程中存在瑕疵和纠纷，工作人员道德操守以及职业规范，应收款项追讨措施的欠缺等，这些因素都是引起出口业务风险的重要因素。

15.1　进口国经济调控的风险防范

国家对市场的改变、经济的调控会直接影响到进出口业务，所以外贸业务员一定要关注国家各方面的政策变化。多看重点开发国家的政治局势、新闻及行业动态等，以便尽早做出调整。

15.1.1　进口国关税调整的风险防范措施

进口国关税调整的防控措施主要有以下内容。

关注进口国政策变化，从多方渠道主动了解更多的信息，以便迅速调整销售计划。

如果听到进口国关税提高的风声，要控制好现有货物的发运日期和相关的关键点，以免因掌握信息晚造成利润损失。

在不确定进口国关税何时调整时，无论报价还是签合同都要谨慎，利润可以适当高估些。

15.1.2　进口国国内政局风险防范措施

进口国国内政局风险的防控措施如图15-1所示。

措施一	注意收集客户所在国政治局势、社会稳定性方面的信息，可以通过国际新闻等途径了解
措施二	应和签订订单的客户保持日常紧密联系，对高危进口国更要了解客户公司的运营环境
措施三	多留意我国驻进口国参赞处或大使馆的网站新闻，尤其是对新近开发市场的国家，因为对其政治局势和社会情况尚不了解，应更加关注并收集相关信息
措施四	如果可能，可以在进口国建立办事处，遇到政局不稳定的，可以里应外合，更好地处理货物运输环节中的突发情况，以减少损失
措施五	出口国政府应建立风险预警机制，完善公共信息发布检索使用系统
措施六	业务员要提高对产品行情走势的判断能力，遇到行情下跌时，要主动提醒客户，避免到港后货值大幅下降，甚至超过预付款比例，导致客户弃货的风险

图15-1　进口国国内政局风险的防控措施

对出口商而言，采用信用证结算时，如进口国政局动荡或经济不稳定，极有必要实行保兑。但不可选择开证行的分行为保兑行，要选择那些信誉度高的大银行作为保兑行。

15.2　出口政策变化的风险防控

我国出口政策的一些变化也会对外贸业务带来风险，在这方面外贸业务员要特别注意。

（1）如果已经有政府将要调整关税或者退税的消息，报价的时候要提高利润率，提高的幅度应足以抵挡政策调整带来的冲击。

（2）在合同中注明如果出口的时候赶上关税或者退税的调整，价格要重新协商或者双方各承担一半损失的条款。

（3）如果以上两条都没有做到，遇到国家调整关税或者退税时，往往消息发布时距政策实施还有一段时间，要学会利用这一段时间差，将生产好的货物运到保税区，以此来减少政策调整带来的损失。

（4）对于规格比较特殊的货物，要提高预付款的比例，且采用对出口商比较有利的付款方式，预防客户在遇到政策调整时毁约。

（5）在订单不得不执行的情况下，与工厂协商，让工厂能在价格方面做出让步，承担部分损失，同时控制交货量到最低，减少损失。

15.3　市场行情风险防控

原材料价格、市场销售行情等都和外贸生意息息相关，甚至国外的市场形势也会影响着出口工作。如果外贸业务员不懂行情，外贸工作就如同"瞎子过河"，效果一定不好，而且可能会带来客户拒收、被迫降价而损失利润的风险。所以，外贸业务员应该事先防范，主要做好以下几点。

（1）了解行业特点，对所从事行业做出准确的基本走势判断，从而尽最大的努力控制行情风险。

（2）对于大宗货物，行情通常受到宏观经济的形势的影响，外贸业务员应该关注宏观经济形势判断市场行情走势，在经济形势很差的时候须小心行事。

（3）严格挑选并深入了解供货商，做到知己知彼，以降低货物品质问题造成延误操作时间的风险。

（4）在付款方式上既要严格控制，又要适当灵动，以控制或者减少损失。

（5）争取与资信好的客户合作，对于一些大宗交易的客户资信调查，中国的出口商可以通过一些专门的资信调查机构，对未合作过的客户进行相关的商业资信、银行资信调查情况，对买家事先有一定程度的了解。

15.4　季节性风险防控

通常情况下，人们销售"常青"产品，因为它能带来长期稳定的销售。但季节性产品可能意味你有机会快速、轻松地获利，尤其是如果你在圣诞节、美国独立日等销售火爆的节日里把握好时机的话。

季节性潮流是出了名的"善变"，它们不可避免的衰退是很难预测的，如指尖陀螺、芝麻街挠痒娃娃（Tickle-Me-Elmo）、愤怒的小鸟等。面对季节性风险，外贸业务员应采取以下措施提前防控。

（1）对于存在季节性风险的产品，外贸业务员要了解产品本身的特性，包括用途、使用时间和季节。

（2）根据不同市场的特点，外贸业务员需要掌握同一产品在不同市场中使用的季节差异，从而做到分别对不同市场做好季节性风险的防范。

新手学
外贸
从入门到精通

（3）对于此类产品的销售，外贸业务员须做到及时发出生产订单、备货、发货等操作程序，从而做到按时按质按量交货。

（4）在此类产品的旺季和淡季交替时，外贸业务员须做好各方面协调工作，准确地对出口操作时间进行估算，尽量避免跨越旺季淡季交货。

15.5 贸易壁垒风险防控

贸易壁垒又称贸易障碍。对国外商品劳务交换所设置的人为限制，主要是指一国对外国商品劳务进口所实行的各种限制措施。一般分非关税壁垒和关税壁垒两类。

就广义而言，凡使正常贸易受到阻碍，市场竞争机制作用受到干扰的各种人为措施，均属贸易壁垒的范畴。如进口税或起同等作用的其他关税；商品流通的各种数量限制；在生产者之间、购买者之间或使用者之间实行的各种歧视措施或做法（特别是关于价格或交易条件和运费方面）；国家给予的各种补贴或强加的各种特殊负担；为划分市场范围或谋取额外利润而实行的各种限制性做法等。

对于贸易壁垒风险的防控措施主要有以下几种。

（1）对于企业来说，加强和改善企业管理，提高企业整体素质。

（2）多方收集各国实施的TBT（Technical Barriers to Trade，技术性贸易壁垒）的有关信息，关注行业的国际标准，尽快掌握WTO（World Trade Organization，世界贸易组织）的"游戏规则"和技术性贸易壁垒协议的要求，并根据国际市场需求和发展趋势及时调整本企业的标准，使自己在国际贸易中处于主动地位。

（3）尽快熟悉和适应国际贸易中的质量保证体系认证和产品认证，积极取得通往国际市场的"通行证"，获得良好的国际市场信誉。

（4）以"智"取胜。通过合资、投资、并购等手段，进行企业的跨国合作经营，利用外商的技术，生成标准、品牌和营销渠道等，跨越进口国技术贸易壁垒。

（5）积极利用WTO规则，维护自身权益。

15.6 海运费上涨风险防范

海运费用的下跌和上涨都不是无缘无故的，若海运的价格一直比较稳定还好说，怕的就是海运价格的上涨，这对于很多进出口商来说是非常头疼的一件事情。因为海运费上涨就意味着自己的成本要增加，有可能这一船的货根本就赚不了多少钱。那么该如何应对呢？

（1）了解海运费上涨的原因。当海运公司的船只比较紧张的时候就会带动整体的海运费上涨，所以外贸业务员最好都找到自己固定的海运物流合伙人，这样才能保证自己的货物能够正常运送，而且运送的价格非常合理，也就是说当市场上整体出现走海运的货物比较多的时候，海运的价格就会上涨。

当国际燃油的价格出现上涨以后，海运价格的费用也会随之上涨，因为海运也是要用到燃油的。

无论是国内的港口还是国际的港口都是分淡季和旺季的，随着供应的需求变化，价格自然也就会出现波动，出现海运费上涨的情况，一般来说每周都会更新出最新的海运费用，通常都是由海运物流公司来定的。

（2）外贸业务员在报价时，可以将CIF、CFR中的报价分为几项来报，如商品、运费等，在所报费用下注明价格的有效期，待发货日再重新确定价格。

（3）在与进口商签订外贸合同时可以单独针对海运费附加一个条款。例如，海运费单列，标明海运费的有效期，并规定，如果海运费上涨，运费要按出运价格执行，但运费的上涨最多不能超过价格确认时的某个幅度。

15.7 汇率风险防范

汇率的变化直接影响到货物的价值和企业的利润，所以外贸业务员一定要经常关注汇率的变化，报价的时候控制好价格。外贸业务员在风险防控方面要做好以下事项。

（1）在风险产生之前，外贸业务员要尽可能去防范，如正确地选择计价货币、收付汇和结算方式，并对汇率浮动有充足的预期。

（2）在签订贸易合同时，把汇率定下来，以后无论汇率发生什么变化，仍按合同规定的汇率付款，给订单结付汇上一份保险。

（3）在签订合同时，不确定付款汇率，但规定在汇率变动时，双方各承担一半损失。

（4）积极寻找规避汇率风险的金融工具。可以考虑采取远期结汇业务，出口发票贴现等衍生工具来进行汇率风险的规避。

（5）优化出口产品结构，提高产品的技术含量和附加值，增强产业竞争力。

（6）走差异化，品牌化之路。

（7）加快出口变现，减少应收外汇账款占用，尽量争取有利的结算方式和条件。

（8）在企业既有进口又有出口的情况下，可以选择对冲交易规避风险。

（9）可以选择外汇掉期，外汇期权等交易规避风险。

15.8　客户欺诈风险防控

随着互联网的普及，外贸诈骗分子越来越多，有的是电话诈骗，有的是"钓鱼"邮件诈骗，所以我们一定要提高警惕。对各类可能存在的诈骗风险进行收集及想办法避免。我们在外贸业务过程中，常出现的风险有"钓鱼"邮件、骗取样品、客户跑路、客户拒接付款等。

进口商在国际贸易过程中故意制造假象，或者隐瞒事实真相使得出口商误解上当，最终未能按约定履行付款义务而给出口商造成损失，如客户到期不付贷款。

我们应积极采取以下措施规避客户欺诈风险。

（1）在交易前应对目标客户进行相关信用调查，可以通过金融机构或银行，利用专业资信调查机构，或是通过行业组织对客户进行信用调查。

（2）建立客户资信数据库。

（3）建立客户信用额度审核制度。

（4）对于高危国家或者被制裁国家的客户要提高预付款的比例，而本笔交易中的目标客户所在国印度正在此范围内，应高度重视，很有必要提高预付款的比例。

15.9　客户破产风险防控

客户破产是很难预测的一个大问题，最大的风险就是货款收不回。虽然这种情况不是屡屡发生，但在现在这个经济危机可能随时到来的时刻就需要我们格外警惕。

规避客户破产风险的措施主要有关注客户的财政状况、调查资信。

外贸业务员一般可以从银行、协会或是其他客户那里了解客户的状况。

15.10　客户人事变动风险防控

进口商的常用联系人离开该公司带走业务或是交接不清，而给出口商造成业务的减少或流失。

外贸业务员应采取以下措施来规避这类风险。

（1）在平时，外贸业务员应该有一定的预备措施，要定期总结与国外客户的最新进展、开发情况，并复制一份给客户的采购经理或总经理，以便他对本公司及与本公司的最近合作情况有所了解，这样如果发生了联系人变动，业务关系还能保持，并可将负面影响降到最低。

（2）对于洽谈中的项目要及时追踪，尽管人事发生了变动，但要积极与客户联系，给其好印象，保持原有的良好合作关系。

15.11　客户流失风险防控

现在的网络极其发达，由于费用低、效果好，国内的工厂基本上都采用了网络推广的手段，国外客户可以很容易找到价格更低的供应商。同时，国外当地市场竞争激烈，也可能使得客户失去当地市场份额转向其他行业。这种情况下，如果不能支持客户打开新产品市场，那只能接受客户流失的事实。

外贸业务员应采取以下措施来规避这类风险。

（1）要关注客户在当地市场的销售情况，如果发现有减少的情况要及时做出决策，与客户共渡难关，而不要因为一时大意导致客户流失。

（2）要时常去工厂考察，了解情况，对于外贸做得不错的工厂可以了解一些目前国际市场状况，与工厂既竞争又合作。

（3）不能局限于仅有的一两个工厂采购，要不断开发新资源。

（4）定期调查客户满意度，请客户对以往的产品质量、服务质量甚至价格等做出评价，以便随时调整客户维护开发战略。

15.12　供应商与客户直接联系的风险防控

这一风险是指供应商与客户在工厂见面后，绕过中间贸易商直接与客户联系，或是客户与供应商见面，拿到联系方式后与供应商直接联系，撇开中间贸易商。

外贸业务员应采取以下措施来规避这类风险。

（1）选择愿意与中间商密切合作并大力配合的供应商，给供应商灌输一种理念，让他们意识到在整个市场的供应链中，必须抛开"各扫门前雪"的思想，供应商与外贸商应该结成战略合作关系。

（2）尽量占有供应商的部分货款，或者给供应商投资，或者控制供应商的上游，以此增加对供应商的控制力。

（3）在订单量足够大并且持续的条件下，可以探索在港口租仓库，由外贸企业自己安排包装。

（4）带国外客户参观工厂时，应提前和供应商约定好，不允许供应商向客户递交名片和样本册，同时和供应商签订协议，为保护客户资源寻找一个法律依据。

15.13　供应商破产的风险防控

供应商遭遇重大变故或者破产，导致无法收回货款或者提货而引起出口商的损失。

外贸企业通常采取以下措施来规避这类风险。

（1）建立供应商的筛选与评级体系，可以从供应商的交货能力、技术能力、价格水平、质量水平、现有合作状况方面予以考虑。

（2）对于第一次合作的工厂，考虑到合同金额以及长期的合作前景，最好能在合作前做一个资信调查。

（3）减少对个别供应商大户的过分依赖，分散采购风险。

（4）在与供应商签订采购合同前审查供应商有无签约资格。

15.14　报价风险防控

报价是对客户关心的产品的具体回应，是签订订单的首要步骤。报价过程中，细微失误可能导致日后沟通中不必要的麻烦，甚至在以后执行订单时造成直接经济损失。

报价风险可控度和可探测度都比较高，完全可以通过外贸业务员自身能力和谨慎态度加以避免，而且报价后还有下一步的合同确认等诸多环节，报价不当问题经常还有弥补空间，所以整体上不算防控风险点，最主要的风险是由于报价错误，事后反悔，导致客户的不信任。

外贸业务员应采取以下措施来规避这类风险。

（1）报价前认真分析客户真正的购买意图和意愿。

（2）做好市场跟踪调查，清楚市场的最新动态。

（3）报价的必要要素不能遗漏。

（4）在与新客户打交道时，让客户了解清楚自己的情况很重要，这样的话客户下单时会比较容易下定决心。

（5）要根据出口的地域特点、卖家实力和卖家性格特点、商品特点来调整报价。

（6）加强对报价技巧的学习，了解报价过程中要注意哪些要点。对不同产品还应该有针对性的说明。

15.15　货物计量的风险防控

出口商在出口商品时，由于货物超重或者是计量问题导致进口国海关罚款或是客户索赔，其最重要的表现是进口国海关限重。

外贸业务员应采取以下措施来规避这类风险。

（1）要了解进口国海关有何特殊规定，是否对货物重量、包装等有新的要求。

（2）保持与船公司或是货代良好的关系及沟通，以便在最快的时间内了解到最新消息。

（3）对于大宗产品，要时刻关注国际市场变化以及国家退税、关税政策调整，以便在最有利的时间进行调整。

（4）出口大宗商品，要注重细节，例如与客户确认好是理计还是过磅计价。

（5）对于大宗产品的计量方法，无论是与客户一开始就确认好的计量方式，还是中间更改计量方式，一定要得到客户的书面确认。

15.16　海关编码归类风险防控

由于对产品特性、属性、成分、材质等认知的不正确性或故意瞒报，导致货物归类与海关认定归类的不一致，而导致通关时间延迟，耽误货物正常出运，造成企业财产上的损失，进而影响企业声誉的情况。

外贸业务员应采取以下措施来规避这类风险。

（1）对产品的性能、成分、用途要全面了解，以便正确掌握产品的编码归类。

（2）对于详尽的商品或者归类难度大的商品，可以向海关申请编码预归类。

（3）遇到海关不认可归类申报时，一定要及时与海关的审单人员沟通，提交清楚对货物归类的理解，并提供相应证据，争取得到海关认可。

（4）千万不能存在侥幸心理，为了多退税，乱用海关编码。

（5）不要为了逃避风险，将需要法定检验的商品归入不需要法定检验的编码中。

15.17　汇款方式风险防控

出口商能否收到货款完全取决于进口商的商业信用，如果进口商不守信用，出口商最终可能会面临钱货两空的风险。

由于函电中交谈过于简洁急促，外贸业务员急于成交订单，没有考虑到客户的信用问题，风险意识弱，没有在商谈中提出以哪种汇款方式进行交易，在实际结汇时将面临巨大的汇款风险，出口商将无法结汇，最终钱货两空。

外贸业务员应采取以下措施来规避这类风险。

（1）建立贸易关系前应先对客户进行资信调查，确保客户的贸易信用，或与有资信的客户进行贸易来往。

（2）商谈函电应尽量使交易内容详细化，把细节都考虑周到，既不给对方造成误会也不能损失自己的利益。

（3）汇款方式应该在函电中用文字说明，指出使用的是哪种付款方式，在不明确客户信用的状况下最好不要采用T/T付款方式。函电商谈达成一致协议之后要在合同中标出来一切细节问题，作为以后结汇的有力证明。

15.18　开证行的风险防控

在信用证付款方式下，开证行负有第一性的付款责任，因此，开证行的资信和偿付能力成为关键性的问题，也因此对国际贸易的付款会隐藏一定的风险。开证行资信不佳、开证行破产或丧失偿付能力，受益人一旦接受，面临的可能就是收汇困难。

外贸业务员应采取以下措施来规避这类风险。

（1）审查开证行的资信。

（2）投保出口信用险。

（3）时刻关注进口商所在国的政治、经济和法律等的变化。

15.19　不符点交单风险防控

出口商在单证审核的过程中，如果不熟悉法规和规定的情况下不能贸然操作，并且在修改单据时不能顾此失彼，对进出口商的公司名称、地址等要保证单单一致、单证一致。否则，出口商在交单结汇时将面临因单单不一致或单证不一致而无法结汇的风险。

外贸业务员应采取以下措施来规避这类风险。

（1）认真审核信用证，仔细研究信用证条款可否接受，并及时向客户提出改证要求。

（2）严格认真地根据信用证制作单据，做到"单单一致、单证相符"。

（3）严格按照UCP600跟单信用证统一惯例（Uniform Customs and Practice for Documentary Credits，UCP）及其他有关国际惯例办事，维护我方合法权益。

（4）争取与其他的支付方式结合使用，以分散风险。

15.20　托收付款方式风险防控

托收是出口商凭进口商的信用收款，属于商业信用。承兑交单（D/A）风险最大，因为承兑交单对于出口商来说在收到货款之前已经失去了对货物所有权的控制，将完全要依靠进口商的需要来收取货款。如果到期进口商无力偿还货款，那么出口商就面临钱货两空的损失。

外贸业务员应采取以下措施来规避这类风险。

（1）应对进口商的资信有充分的了解，新客户或资信不佳的客户不要使用这种付款方式。

（2）在合同洽谈时应尽可能确定代收行，尽可能选择那些历史较悠久、熟知国际惯例，同时又信誉卓著的银行作为代收行，以避免银行操作失误、信誉欠佳造成的风险。

（3）出口商可在运输单据上加上适当的限制性条款，如在海运提单的收货人一栏中加注"凭发货人指示"或"凭×××银行指示"等，这样可以更加明确出口商对进口商的制约。

（4）一旦对进口商的诚意产生疑虑，出口商应在货物被提取前以发货人的身份果断通过运输公司扣留货物，待问题解决时再解除扣留令。

15.21　合同货物描述错误或不详的风险防控

在出口贸易合同中，对货物的描述与确认条款出现错误或者描述不够详尽，造成最终供货与需求不一致而产生的争议或损失。

货物描述错误或不详带来的风险就是客户索赔，出现此类风险的原因主要是业务人员操作不谨慎、不细致，不了解与客户的语言沟通，多少会存在一定的障碍和不同理解。

外贸业务员应采取以下措施来规避这类风险。

（1）货物描述是合同中最需要谨慎处理的条款，货物描述不当带来的风险往往不可调和，应对货物描述严格确定和审查。

（2）在具体操作中，必须严格做到对内对外合同的货物描述完全一致，给供应商一个检查和确认的机会。

（3）对于多规格产品尤其要注意。在与客户协商的时候，要对各型号产品的具体规格做出说明，同时详细了解客户的需要，避免供需之间出现差错。

15.22　产品问题引起的风险防控

15.22.1　提供的产品与目标客户需求不一致的风险

防控要点：在确认订单前必须把客户所需的产品规格、数量等相关指标了解清楚，特别是一般客户没有提过的指标，与生产部门或者工厂确认是否可以达到要求，如果不能必须跟客户说清楚。

15.22.2　产品质量缺陷或瑕疵风险

防控要点如下。
（1）在签订合同时，对商品的质量要求、技术标准等细节都要明确。
（2）违约责任和解决纠纷的方式都要明确规定。

15.22.3　产品质量检测标准不一致风险

防控要点：产品质量标准等方面参数，在客户采购前期沟通必须详细到位，了解客户对产品的需求，进口国的准入标准。

15.23　海上运输风险防控

海上运输风险，是指货物在海上运输期间可能遭遇自然灾害（如海啸、地震等）和意外事故（包括搁浅、触礁、沉没、碰撞、火灾、爆炸和失踪等），当然也不可忽视一般外来风险，途中可能经历偷窃、短量、受潮、霉变、串味等风险。

外贸业务员应采取以下措施来规避这类风险。
（1）要购买保险，保证保险单据的准确性和完整性。
（2）发货前要求工厂拍摄装箱及包装图片，在运输过程中发生货物损毁时，作为界定责任的证据，把风险转移出去。

15.24　中转途中货物调包的风险防控

货物在国际出口贸易海运过程中转船时，由于中转港监管部严格或者其他原因造成的货物被调包或者偷窃而造成的损失。

外贸业务员应采取以下措施来规避这类风险。
（1）出口高货值的产品时，外贸业务员应严格把控整个贸易流程，杜绝风险漏洞。

（2）无论是到岸交易还是离岸交易，对于高货值的产品都需要对货物进行投保。

（3）选择到岸价时，减少CFR术语的使用，以使用CIF术语为主，以便做到从出口方对货物进行投保。

15.25　退运风险防控

出口货物退运的主要原因是由于出口货物自身质量和外商自身原因拒绝收货而产生的退运。

外贸业务员应采取以下措施来规避这类风险。

（1）加强产品质量控制，为避免退运的发生，可以以双方认可的第三方检验机构出具的报告为准或者在发运前要求客户亲自验货。

（2）应坚持信用证即期付款。

（3）对于退运有限制的国家，提单最好是指示性提单，收货人为to Order of Shipper（凭托运人的指定）或者to Order（凭指定）。

15.26　第三方检验风险防控

由于产品的质量、特性、包装、交期等不符合第三方检验的标准而导致检验通不过、交通延迟、客户收获物的情况。

外贸业务员应采取以下措施来规避这类风险。

（1）当货物准备出运时，外贸业务员应提前预约检验公司，最好在工厂做第三方检验，并在第三方检验合格后，方可安排后续事宜。避免发生额外的费用，延误船期。

（2）因为有些国家，在进口前需要进行检验，因此在签订合同之前外贸业务员应要先与客户沟通，看货物是否需要检验。

15.27　逾期交货风险防控

在买卖合同中，买卖双方各自有自己的权利义务，买家需要按时支付货款，卖家需要按时交货，如果逾期交货的，属于卖家违约，需要承担违约责任。

当外贸企业从事出口业务时，通常会面临延迟交货的风险，不但使企业无法按合约约定完成交货，还会给企业带来一定的违约损失，甚至因为交货不及时而导致客户流失。为了避免延迟交货的风险，保证企业交货的及时性，外贸企业应该采取一些方法进行应对。

外贸业务员应采取以下措施来规避这类风险。

12.27.1　找出风险产生的原因

应对风险的第一步，是确定风险产生的原因。一般来说，在委托生产下，导致企业延迟交货的原因有以下一些。

（1）生产原料供给不及时，致使生产待料。

（2）入料出料错误导致生产误料。

（3）生产计划变更频繁导致生产不能有效进行。

（4）包装不及时或不规范。

（5）生产过程中因质量把控不到而造成返工，从而延长了生产时间。

（6）有的订单货物数量少，导致无法单独生产，因等待后续订单一起生产而耽误时间。

12.27.2　规避的措施

针对以上可能导致延迟出口贸易交货的原因，外贸业务员可以通过以下几方面来进行规避。

（1）多开发供应商。为了保证供货及时和货源的多样化，在注重业务和客户开发的同时，也不能忽视供应商的开发，若有足够的订单和客户，但是找不到相应的工厂来生产，也无法达成最终交易。而当供应商尽可能多的时候，就有了更多的主动权和选择权，对于一些量比较大的订单，可以将其分配给几个供应商同时生产，以节省时间，保证及时供货；而对于一些平时生产不积极的工厂，则可考虑终止与其合作，且不会因为放弃某一个或几个工厂，导致没有可以进行合作的供应商，从而影响企业正常的订单成交。

（2）签约前做好充分准备，防范风险。

（3）签约时争取宽松的交货期限，控制风险。

（4）执行中进行严格的生产流程控制，消除风险。

（5）发生问题后必须采取必要的措施，挽救损失。

15.28　保险索赔风险防控

当货物发生损毁时，由于其损毁不符合国际贸易保险惯例，或者超出投保人对货物投保的赔付范围从而造成无法获得赔付的损失。

外贸业务员应采取以下措施来规避这类风险。

（1）在CIF或类似条款下，出口商应按照相关责任，及时对货物投保。若在FOB或者CFR类似条款下，出口方也应及时提醒进口方对货物进行投保。

（2）在国际出口贸易中，出口商应对国际货物运输保险相关条款以及知识进行全面了解和学习，为货物选择相应的投保范围，并且在发生货物损毁时，能够对保险公司提出正确的索赔要求。

15.29　与货代公司之间委托代理关系的法律风险防控

外贸企业与货代公司之间因为委托代理关系也会存在相当多的法律风险，有可能因此就成为一个被告人。有可能因此货发出去了，却收不到货款。因此，外贸企业应采取以下措施来规避这类风险。

（1）外贸公司应注意选择资信较好、经营稳定的货代公司托船，小的或者没有资质的货代公司往往在接单后转手他人，作为货主往往并不十分了解其中转手的真实情况，如果中间出现问题则很难控制，甚至可能出现法律上的救济困难，外贸公司有时可能对将要成为诉讼对象的公司一无所知，有时也会被一家从未有过关系的公司告上法庭。

（2）外贸公司在托船过程中应重视托船资料的制作和留底工作，资料的制作应仔细清楚，如是否允许转运、分运应在单据中明确。在与货代公司往来过程中应注意对重大事项，如关于运费、包干费的确定均采用书面的方式，传真文件应保留原件，公司的传真机应设置传真信息记录。在可能发生的诉讼中这些传真文件可作为证据使用。

（3）外贸公司应注意公司的托船资料，如发票、装箱单、明细单（委托单）、报关委托书、报关单上应加盖公司的单证章或公章。在代理出口业务中不要将公司的空白单据发给被代理方，更要防止将空白单据交给货代公司代打，这些空白单据都有可能在以后的诉讼中被用于制作对公司不利的证据文件。

（4）如果是代理别的公司出口，在与货代公司的委托中可选择对其披露被代理人的身份，代理合同可直接约束被代理人与货代公司，在运费预付的情况下对外贸公司有利。

（5）外贸公司在报关中应注意报关金额，许多外贸公司为了帮客户逃避关税，自身降低外汇核销金额或者套汇，往往报关的金额低于货物实际的货值。在可能出现的索赔如无单放货诉讼中可能会对于货值的认定出现纠纷，被海关认可的报关金额可能会被法院采信，给自己造成不应有的损失。

15.30　FOB风险防范

　　FOB（Free on Board）指装运港船上交货，也就是卖方将货交给船公司便自由了，其责任划分以"船舷为界"。卖方负责备好货、装船、出口清关、凭单交货、越过船舷前的费用及风险；买方负责租船订舱、投保、办理进口清关手续、付款赎单接货、越过船舷后的费用及风险。

　　伴随着外贸经营权的取得由原来的审批制变为备案制，越来越多的企业拥有该权利，在进出口业务中，许多业务员对运输、保险等环节并不熟悉，又急于揽业务，便乐于接受该术语。

　　伴随着诸多的外资班轮公司进入中国的主要沿海港口，这为国外买家指定船公司提供了条件；加入WTO的承诺寓示着过渡期后，我国允许外资独资经营国际货代业务，于是境外货代蜂拥而入；这些境外船公司与货代操纵运价，使运价一路狂升，国内出口企业为规避运价风险，也不愿采用CFR、CIF等术语。

　　当然，在国际竞争愈演愈烈情形下，中国许多出口商因级差报价原理，采取低价战术磋商，这在谈判中会占据一定的心理优势，会促成交易的达成。

15.30.1　FOB价格术语的风险

　　（1）由买方指定船公司或货代引发的运输风险及单据结汇风险。

　　① 买方指定船公司或货代的动机分析。买方指定船公司或货代，或要求货代承担办理清关、订舱、拖箱、报关等服务；或为其把握准确的交货付运情况；或通过货代获得优惠运价，甚至串通货代无单放货骗取卖方货物。

　　② 无单放货。在国际上通行的做法是船公司对货代，货代对客户。出口商客户对装货港货代，手里拿到的通常会是分单；进口商客户对目的港货代，而货代手里拿的是正本B/L，若进口商和指定的货代串通一气，采取无单提货，则中国出口企业货款两空。

　　（2）不易掌握货物的实际控制权。按照前面的分析，卖方先发货，但表明物权的提单有可能不在卖方手中，此时，货物的实际控制权却在要付款赎单的买方手中，对卖方形成极大的威胁；若信用证中出现软条款，卖方未要求改证，此时，买方会想方设寻求单证的不符点，从而退单和拒付，最终导致卖方钱货两空。

　　（3）船货衔接不到位。在FOB下，因为由买方租船订舱，而货又在卖方，故牵涉三个通知，即备货通知、派船通知、装船通知，这就意味着出口方、进口方、货代及实际承运人间应亦步亦趋，不能有丝毫的马虎。若卖方未及时备货及装船，而买方按期派船，则卖方应承担所产生的空舱费、滞期费；相反，若因买方派的船只提前或延迟到达，同此产生的费用则由买方负责。

（4）与现代化的集装箱方式不相适应。伴随着国际运输技术的发展，货物的滚装运输、集装箱运输及多式联运等日益发展，仅局限于水上运输的FOB、CFR、CIF越来越不适应新形式的需要。尽管由于心理惯性及运输单据的某些特性，导致人们不适当地使用FOB，这使卖方在将货物交给买方指定的承运人之后依然会遇到风险。

（5）贸易术语的其他惯例。若与以美国为首的北美洲商人交易，还要警惕惯例的适用问题。通常我们会依照《ICCINCO TERMS 2020》，但同样还会有《1941年美国对外贸易定义修订本》，它的FOB术语表示和清关做法与《2020通则》出现不同，甚至截然相反的情形，所以，外贸业务员应注意。

15.30.2　风险的规避与防范

（1）防范运输风险。

① 拒绝接受指定船公司或货代，若接受，必须是知名的船公司，并且事先进行资信调查。

通常情况下，卖主可拒绝接受指定的船公司或货代，而要求采取FCA术语；若接受指定船公司，应是国际上知名的船公司，如Mearsk、HANJIN、NYK等；如外商坚持指定境外货代，则应对指定的境外货代或NVOCC的资信进行严格的审查，查看是否有我国合法代理人向交通部办理的手续，如认为不能接受，应及时予以拒绝。

② 保函的出具。商务部的《关于规避无单放货风险的通知》显示，出口商可向签发提单的国内货代要求出具保函，承诺货到目的港后须凭信用证项下银行流转的正本提单放货，否则要承担无单放货的赔偿责任。即境外货代的提单必须由国内货代签发并掌握货物的控制权，向发货人出具保函，使发货人的货权得到保障。

③ 提单的正确签发。提单方面要特别注意托运人（Shipper）和收货人（Consignee）的填写，具体说明如表15-1所示。

④ 以其他合理方式解决"无单放货"。若出现了境外货代无单放货，此时卖方应采取合理方式：若合同有缺陷，主张不了权益；此时，可考虑起诉承运人，因它"无单放货"，拿起法律武器向法院起诉，同时严格关注境外货代的去向，以防货代骗货后销声匿迹。

表 15-1　托运人（Shipper）和收货人（Consignee）的填写要求

栏目	填写要求
托运人（Shipper）	按照《汉堡规则》的解释，托运人有两种，一种是与承运人签订海上运输合同的人，另一种是将货物交给与海上货物运输有关的承运人的人。根据上述解释，FOB条款下，买方或卖方均符合作为托运人的条件。FOB条款下，国外买方常在信用证或D/P支付的合同中要求卖方提交的提单以买方作为托运人（Shipper），这种情形会给卖方带来收汇的风险：货物在运输途中，买方以提单托运人的名义指示承运人将货物交给他指定的收货人；同时，对单据想千方设百计找出不符点拒付。结果，卖方虽控制着作为物权凭证的提单，然而货物却已被买方指定的收货人提走。故安全起见，还是以卖方作为托运人为好
收货人（Consignee）	Consignee一栏的填写，可以是记名式、不记名和指示性三种情形。 　　若Consignee为记名式，则为具体的某人或公司收货，如写明的是进口商收货，则万一出口商出现意外要将货物退运、转运或委托第三方提货会形成障碍；同时进口商仅凭相应的身份证明就可提货，它会进一步恶化"无单放货" 　　若Consignee为不记名，谁拥有提单，谁就可要求承运人放货，风险太大，一般不使用 　　Consignee为指示性的，如"To order""To order of ×××""凭指示"或"凭×××的指示"，这里的×××通常是开证行及受益人。显然，这种填法，提单可流通转让，但必须经过背书，利于出口商自己或银行控制物权

　　（2）船货紧密衔接。

　　① 以现代化通信方式及时发出装船通知。对于以FOB和CFR成交的，卖方应及时向买方发出装船通知。根据《INCO TERMS 2020》，在FOB和CFR术语下，卖方必须给予买方已装船的充分通知。以免在卖方装船后，买方可以及时向保险公司办妥保险。如果，卖方未按照合同要求，及时向买方发出装船通知，而货物遭受灭失或损坏的风险时，卖方将承担损失。

　　② 将货物特定化以适时转移风险。对于诸如散装物的情形，卖方应以合理的方式将货物特定化，即清楚地划出或以其他方式确定该货物为合同项下买方的货物，并以最快的通信方式告之买方，以使风险和费用发生转移。

　　③ 法律援助。实际中，若买方市场行情不好，买方不想交易，也就不派船接货，对于买方是根本性违约，卖方不但可宣布合同无效，且保留最基本的损害赔偿权益。所以为防止此类情形产生，卖方可在合同中明确规定下来相应的处理方式。

　　（3）支付方式的合理选择。FOB、CFR及CIF对卖方而言，均是先发货，卖方率先履行一项责任，至于卖方能否收回货款，则取决于支付方式的正确选择。

采用汇付中的货到付款或托收等商业信用的收款方式时，应尽量避免采用FOB或CFR术语。因为这两种术语下，由买方根据情况自行办理保险。如果履约时行情对买方不利，买方有可能不办保险，这样一旦货物在途中出险，就会出现钱货两空。

（4）采用CIF、FCA等其他贸易术语。

① 多采用CIF。出口交易中，若采用CIF，国际货物买卖中涉及的三个合同，即买卖合同、运输合同和保险合同，卖方都参与其中，作为其当事人，卖方可根据情况统筹安排备货、装运、投保等事项，从而保证作业流程上的相互衔接；同时，带动本国运输业和保险业的发展，增加国内的服务贸易收入。

CIF下，由卖方租船订舱，将国际贸易中最重要的环节运输及代表货权凭证的提单把握在自己手中，这样可以规避运输风险。

另外，依据"船舷为界"的风险转移及可保利益，在CIF下，保险责任起讫才是真正的"仓"至"仓"，才能全程保障自我的利益。

② 中国的中西部内陆地区，可适当使用FCA。FCA术语的使用寥寥无几，这主要缘于国际商人对FCA的认知程度不高，同时顾虑单据的问题。因为从卖方来讲使用FCA术语，接受的是没有物权性质的如铁路运单、航空运单等单据，它可用来结汇但无物权证明，但FOB术语，却可以取得具有物权证明的提单。在中国内陆，由于从内陆到出海港口路途遥远，这其中的风险不可预知，为使风险及早转移，同时尽早结汇，可适当使用FCA术语。

（5）投保以转移风险。

① 加投"出口信用险"。若出口方采用FOB术语与托收付款方式时，出口商既无银行信用保障，又无海运保险的保障，为防止买方拒收造成的损失，可投"短期出口信用险"。出口信用险是国家为了鼓励并推动本国的出口贸易，为众多出口企业承担由于进口国政治风险（战争、外汇管制、进口管制和颁发延期付款等）和进口商商业风险（破产、拖欠和拒收）而引起的收汇损失的政策性险种。

② 加投从出口企业仓库到出海港口该段的国内"路运险"。FOB下，海运货物保险由进口方办理，被保险人是自己，出口方无法持有保险单；同时，进口方投保时不具备可保利益，因FOB下买卖双方风险、责任划分均以装运港船舷为界，即越过船舷前，货是出口商的，只有出口商对该批货物才具有可保利益；越过船舷后，进口方才对该批货物具有可保利益，即没有货物所有权，因此无法将保单转让给出口方，所以出口方也无法成为保单收益人。所以，虽然根据"仓至仓"条款，货损发生在其涵盖的运输途中，从出口企业到仓库该段若发生货损，出口方无法向保险公司索赔。故出口方在FOB下，应自行投保从仓库至装运港这一距离的"路运险"，来规避可能发生的风险。